도서출판
십자가사랑의 길

1. 십자가사랑의 책

도서출판 십자가사랑의 책을 통하여 예수 그리스도의
십자가사랑이 전파되며, 진실된 복음이 전 세계 만방에 펼쳐지길
원합니다.

2. 십자가사랑의 재정

도서출판 십자가사랑의 재정은 선교와 구제와 교회를 세우고
복음을 전하는데 사용되어지길 원합니다.

3. 십자가사랑의 사역

도서출판 십자가사랑은 하나님의 마음으로 정직하며
불의를 행하지 않는 기독교 기업으로 성장하길 원합니다.

지금은
성령시대!

성 령 과   함 께 하 는   영 성

지금은 성령시대!

에스더 권 지음

성령과 함께하는 영성

하나님의 사람들 시리즈
12

십자가사랑

"내가 달려갈 길과 주 예수께 받은 사명 곧 하나님의 은혜의 복음을
증언하는 일을 마치려 함에는 나의 생명조차 조금도 귀한 것으로
여기지 아니하노라" (행 20:24)

이 책의 모든 수익금은
오직 하나님 나라의 확장을 위해서만
사용될 것임을 하나님 앞에 서원합니다.
이 서원의 증인은 하나님이십니다.
모든 영광 홀로 받으소서.
예수님의 이름으로 기도 드립니다.
아멘!

차 례

C · O · N · T · E · N · T

PART 3 성령님과 동행하는 삶

PART 4 성령님의 열매맺는 삶

프롤로그

2010년 5월, 멕시코 몬테레이에서의 늦은 밤…

"탕! 탕! 탕!… 탕탕탕탕!!"

벌써 몇 시간째 이어진 마피아의 총격전은 멈출 기미가 보이질 않습니다. 두려움에 손발이 덜덜 떨렸습니다. 심장이 터질 듯 요동 쳤습니다. 이불을 뒤집어 쓴 채 귀를 막고 하나님께 울부짖었습니다.

"하나님! 제발! 살려주세요! 도와주세요!!"

그때 한 음성이 들려왔습니다. 그 음성은 마치 얼굴과 얼굴을 대면하여 바로 옆에서 말하는 것 같았습니다. 세포 하나하나가 소생되는 느낌이었습니다.

"내 종아, 강하고 담대하라! 두려워마라! 하나님이 보내신 가장 위험한 곳이 가장 안전한 곳이란다.."

귓가에 울려 퍼지는 이 세미한 음성은 바로 성령님의 음성이었습니다. 제 안에 내주해 계신 성령하나님의 음성이었습니다. 그 즉시 평강이 찾아왔습니다. 여전히 총성은 들려왔지만 성령님께 평안을 선물로 받은 저는 오랜만에 숙면을 취할 수 있었습니다.

2020년 3월 멕시코 몬테레이...

급속히 퍼지고 있는 코로나 바이러스로 인해 멕시코 정부에서 비상사태를 선포했습니다. 전염병으로 인한 두려움과 공포가 멕시코 전역을 휩싸는 듯 했습니다. 의료혜택을 받지 못한 채 멕시코의 영혼들이 줄줄이 죽어갔습니다. 외출 금지 명령이 내려졌고 교회도 폐쇄되었습니다. 양들이 떠나가 버린 텅 빈 예배당에서 통곡이 쏟아져 나왔습니다. 하염없이 눈물이 흘러 내렸습니다.

"하나님! 이제 어디로 가오리까, 이 사명의 땅을 두고 어디로 가야 하오리까.."

10여년 전에 주셨던 그 세미한 음성이 다시금 심장 안에서 뜨겁게 올라왔습니다. 성령님의 음성이 저의 온 영혼육을 감쌌습니다.

"내 딸아, 내가 보혜사로 지켜 주리라. 내가 함께 하리라. 포기하지만 말거라. 하나님이 보내신 사명의 땅이 가장 축복된 땅이란다."

성령님의 말씀에 제 영혼이 춤을 추는 듯 느껴졌습니다. 어느새 두려움은 사라지고 희락으로 가득 채워졌습니다.

언제인지 기억은 나지 않지만 어떤 분이 제게 이렇게 물었습니다.

"에스더 선교사님! 선교사님은 항상 행복해 보이세요. 어떻게 그렇게 기쁘게 사역할 수 있으세요?"

사실 힘듭니다. 포기하고 싶을 때도 있었습니다. 척박한 멕시코 선교사의 삶이 고단하여 하나님께 투정을 부린 적도 많았습니다.

"하나님! 힘들어요. 천국에 빨리 좀 데려가 주세요. 오늘 데려가신다 해도 전혀 미련이 없습니다..."

그동안 하나님 아버지의 마음을 많이도 아프게 했습니다. 언어도, 정서도, 얼굴도, 음식도 생소한 낯선 멕시코 땅에서 현지사역을 하는 것이 고통스러웠기 때문이었습니다. 부족한 종의 칭얼거림에도 성령님은 늘 위로해 주셨습니다.

"내 종아, 사명을 다하는 날, 사명을 마치는 날.. 천국에서 나를 보게 되리라.."

지금은 사명 때문에 삽니다.

오늘을 살아가야 하는 이유는 사명 때문입니다.

오늘 숨을 쉬어야 할 목적도 바로 사명 때문입니다.

사명이라는 단어가 흐릿해져 갈 때마다 성령님께서 주신 말씀을 되새겨 봅니다. 15년 전 선교사로 부르셨을 때 주셨던 말씀을 꺼내 사명의 불을 지펴 다시 심장 안에 넣습니다.

"내 종아, 네가 이 사람들보다 나를 더 사랑하느냐?"(요 21:15)

"주님, 그러하나이다. 내가 주님을 사랑하는 줄 주님께서 더 잘 아시나이다."(요 21:16)

"내 종아, 내 양을 먹이라, 내 양을 치라, 내 양을 돌보라..."(요 21:17)

어린 양치기가 양을 치다 지칠 때마다 불렀을 법한 찬양을 하나님께 올려봅니다.

"여호와는 나의 목자시니 내게 부족함이 없으리로다. 그가 나를 푸른 풀밭에 누이시며 쉴 만한 물가로 인도하시는도다. 내 영혼을 소생시키시고 자기 이름을 위하여 의의 길로 인도하시는도다..."(시 23:1-3)

부족한 종에게 주신 사명은 멕시코와 중남미의 양들을 섬기는 것입니다. 고아들을 먹이며 돌보는 것입니다. 어린 양들이 무럭무럭 자라나는 것을 사람에게가 아니라 하나님께 보여 드리는 것입니다.

안타깝게도 완악한 존재라 누군가를 죽기까지 사랑할 수 없다는 것을 깨달아가고 있습니다. 능력 주시는 하나님 안에서만 영혼을 위해 기도할 수 있음도 알아가고 있습니다. 오직 성령님께서 역사하실 때야 비로소 사명을 감당할 수 있음도 뼈가 저리도록 체험하고 있습니다. 이 모든 것을 깨달아감이 하나님의 은혜라는 것도 배워가고 있습니다.

부족한 종의 생명의 스위치가 꺼진 어느 날..

사명을 다하여 주님을 보게 되는 어느 날..

'착하고 충성된 종아, 수고했다'고 말씀해 주실 것을 믿기에 오늘도 사명 안에서 성령님과 행복한 하루를 시작해 봅니다. 성령님과 동행하는 사명의 삶을 시작해 봅니다.

성령님과 동행한다는 것...

어쩌면 거친 모래가 흩날리는 황량한 사막을 걸어야 할지도 모릅니다. 가시밭길을 걸어야 할지도 모릅니다. 홀로 있는 외로움의 시간도 견뎌내야 할지도 모릅니다. 설령 그리하실지라도 이 세상에서 가장 축복받은 인생은 바로 성령님과 동행하며 사는 삶입니다.

얼마 전, 성령님에 관한 책을 출간하는 것도 사명의 하나라는 감동을 받고 기도했습니다. 성령님께 묻고 또 물었습니다. 두렵고 떨림으로 성령님을 더욱 의지했습니다. 인간의 지식과 이성으로 성령님에 관한 책을 집필할 수 없다는 것을 잘 알고 있었기 때문이었습니다.

밤잠을 설치며 씨름할 때마다 성령님께서 친히 스승 되시어 가르쳐 주셨습니다. 성령님이 누구신지, 성령님과 동행하는 삶은 어떤 것인지, 성령의 열매를 맺기 위해 어떻게 살아가야 하는지 깨우쳐 주셨습니다. 자녀를 향한 하나님의 사랑이 녹아질 수 있도록 지혜를 달라고 부르짖었습니다. 성령께서 부어주신 감동을 하나도 놓치지 않고 기록으로 남기고자 몸부림쳤습니다. 그렇게 한 글자 한 글자를 마치 수를 놓듯이 책으로 엮었습니다.

원컨대 '지금은 성령시대! 성령과 함께하는 영성'의 책을 접하는 모든 영혼들이 성령님을 인격적으로 경험할 수 있기를 소원해 봅니다. 성령님을 환영하고 더욱 사모할 수 있기를 기대합니다. 성령님과의 거룩한 동행이 시작될 수 있기를 간절히 또 간절히 기도합니다.

이 책이 출간될 수 있도록 이끌어 주시고 지도 편달해 주신 성령 하나님께 깊은 감사를 드립니다. 모든 영광과 감사와 존귀와 찬양을 오직 하나님께 올려 드립니다.

2023년 2월
행복한 선교사
에스더 권

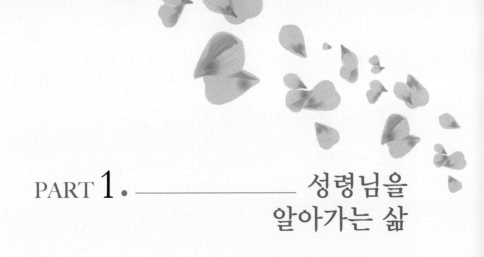

PART 1. ——————— 성령님을 알아가는 삶

"너희가 믿을 때에 성령을 받았느냐"
(행 19:2)

지금은 성령의 시대라고 합니다. 얼핏 생각하면 성령님만 단독으로 활동하신다는 느낌이 들기도 합니다. 예수님의 시대는 신약시대에 끝났고 이제는 성령님만 역사하시는 시대가 열렸다고 생각하기도 합니다. 하지만 그렇지 않습니다. 오히려 정반대입니다. 예수님은 성령님을 통해 지금도 여전히 역사하고 계시기 때문입니다.

"내가 아버지께 구하겠으니 그가 또 다른 보혜사를 너희에게 주사 영원토록 너희와 함께 있게 하리니…"(요 14:16)

예수님께서는 보혜사 성령님을 통해 우리와 함께 하신다고 약속해 주셨습니다. 십자가에서 돌아가시고 부활하신 예수님께서 그 약속을 다시 상기시켜 주셨습니다.

"내가 너희에게 분부한 모든 것을 가르쳐 지키게 하라 볼지어다 내가 세상 끝 날까지 너희와 항상 함께 있으리라"(마 28:20)

제자들이 보는 앞에서 승천하신 예수님께서 어떻게 세상 끝 날까지 항상 함께 하실 수 있을까요? 어떻게 그 약속을 지키실 수 있을까요?

바로 성령님을 통해서입니다.

예수님은 창세전에는 말씀으로 계셨습니다(요 1:1). 2천년 전에는
육신으로 계셨고(마 1:23) 지금은 영으로 우리와 동행하고 계십니다
(롬 8:9-10).

십자가에서 죽으시고 부활하시고 승천하신 후 구원의 문을 활짝
열어 놓으셨습니다. 지금은 생명을 주시는 영으로 하나님의 보좌
우편에 앉아 계십니다. 예수님은 성령님을 통해 지금도 여전히 살
아 역사하시고 계십니다.

많은 분들이 성령님을 자신을 변호하고 위로하며 도와주는 존재
라고 생각합니다. 자신의 요구와 필요를 공급해주는 보호자라고 생
각하기도 합니다. 마치 자판기에 동전을 넣으면 자신이 원하는 물
건이 나오는 것처럼 자신의 소원에 응답하는 분으로 오해하기도 합
니다. 물론 그 말이 전적으로 틀린 말은 아닙니다. 그러나 전부는
아닙니다.

성령님은 예수님을 증언하는 하나님의 영이십니다. 진리 안으로
인도하시는 진리의 영이십니다. '예수는 그리스도시요, 하나님의
아들'이라는 신앙고백을 올리게 하시는 하나님의 성령이십니다. 영
이신 하나님 그 자체이십니다.

우리는 더 깊은 영적인 세계로 들어가 성령님을 이해해야 합니

다. 성령님이 누구신지 알아야 합니다. 우리의 삶 가운데 성령님께서 나타나셔야 합니다. 더 나아가 성령님과 동행하며 아름다운 열매를 맺어야 합니다.

성령님은 어떤 분이신가?

"성령님이 누구신지 아세요?"

이 질문에 생각보다 많은 크리스천들이 선뜻 대답을 못합니다. 애매한 대답으로 얼버무리기도 합니다. 알 것 같기도 하고 모를 것 같기도 하기 때문입니다.

왜 그럴까요?

성령님의 실체를 경험하지 못했기 때문일 것입니다. 성령님의 인격을 경험하지 못했기 때문일 것입니다. 성령님과의 교제가 없기 때문에 어떤 분이신지를 잘 모른다는 것입니다. 성령님은 누군가로부터 들은 지식적인 이야기로는 도저히 설명할 수 없는 영으로 존재하시는 하나님이시기 때문입니다.

보통 성령님을 소개할 때 바람 같은 성령, 불같은 성령, 비둘기 같은 성령으로 비유하기도 합니다. 그래서 많은 분들이 성령님을 살아계신 하나님의 영이시며 인격을 소유하신 분으로 이해하지 못하는 것입니다.

성령님은 삼위일체 하나님의 한분으로 우리의 영 안에 내주하셔서 동행하시는 보혜사 하나님이십니다. 성부하나님께서 천지를 창조하시고 성자예수님은 우리의 죄를 대속하기 위해 성육신하신 하나님이십니다.

지금은 성령의 시대입니다. 우리가 예수님을 영접할 때 우리의 영 안에 성령께서 내주하시어 구원을 완성시켜 나가시는 것입니다. 무엇보다도 성령님과의 동행의 삶을 위해서는 가장 먼저 그분의 성품과 속성에 대해 알아야 합니다. 성령님을 아는 만큼 인도함을 받고 동행하는 삶을 살 수 있기 때문입니다.

과연 성령님은 어떠한 속성을 지니신 분이실까요?

"오직 하나님이 성령으로 이것을 우리에게 보이셨으니 성령은 모든 것 곧 하나님의 깊은 것까지도 통달하시느니라"(고전 2:10)

성령님은 지식을 가지신 분입니다. 성령께서 지식을 갖고 계신다는 것을 성경은 분명히 밝히고 있습니다.

"사람의 사정을 사람의 속에 있는 영 외에는 누가 알리요 이와 같이 하나님의 사정도 하나님의 영 외에는 아무도 알지 못하느니라" (고전 2:11)

성령께서는 성부하나님과 일체이시므로 하나님 아버지의 뜻을 다 통달하고 계십니다. 하나님의 사정뿐 아니라 우리의 사정도 낱낱이 잘 알고 계시는 지식의 영이십니다. 모든 것을 다 아시는 전지전능하신 하나님의 영이신 것입니다.

> **"하나님의 성령을 근심하게 하지 말라 그 안에서 너희가 구원의 날까지 인치심을 받았느니라"** (엡 4:30)

성령님은 감정을 가지신 분입니다. 희로애락의 감정을 가지신 하나님의 영이십니다. 성령께서는 우리가 하나님의 뜻을 저버리고 불순종할 때 근심하십니다. 죄로 인해 더러워질 때 탄식하시며 슬퍼하십니다. 성령께서 말할 수 없는 탄식으로 우리를 위해 간구하기도 하십니다(롬 8:26).

무엇보다도 죄에 대해 분노하시는 속성이 있으십니다. 성령께서 죄에 대해, 의에 대해, 심판에 대해 말씀해 주셨음에도 회개하지 않는다면 진노하십니다. 왜냐하면 죄로 인해 더러워졌다면 거룩하신 성령이 우리와 함께 하실 수 없기 때문입니다. 자녀의 곁을 떠나가셔야 하는 슬픔과 사랑 때문에 진노하시는 것입니다. 그런 연유로 성령님의 속성을 잘 알고 있었던 사도 바울은 죄로 인해 성령을 근심케 하지 말라고 강하게 책망했던 것입니다.

"어떤 사람에게는 능력 행함을, 어떤 사람에게는 예언함을, 어떤 사람에게는 영들 분별함을, 다른 사람에게는 각종 방언 말함을, 어떤 사람에게는 방언들 통역함을 주시나니 이 모든 일은 같은 한 성령이 행하사 그의 뜻대로 각 사람에게 나누어 주시는 것이니라"(고전 12:10-11)

셋째로 성령님은 의지를 가지신 분이십니다.

"이 모든 일은 같은 한 성령이 행하사 그 뜻대로 각 사람에게 나눠 주시느니라"(고전 12:11)

우리는 하나님께 각종 은사를 달라고 기도합니다. 그러나 은사는 우리의 뜻대로 받을 수 있는 것이 아니라 성령의 뜻대로 각 사람에게 나눠주시는 것입니다. 은사도, 기름부음도, 성령의 충만함도 성령님의 의지대로 나누어 주시는 선물입니다. 성령님의 주권과 뜻대로 행하실 수 있는 영역이라는 것입니다.

이외에도 성령님은 의지를 가지고 구원의 날까지 인도하시고 돌보아 주시고 이끌어 주십니다. 성령님의 뜻에 따라 은사를 나누어 주시고 역사하시며 보호하시고 동행하시는 보혜사 하나님이십니다.

"내가 아버지께로부터 너희에게 보낼 보혜사 곧 아버지께로부터 나오시는 진리의 성령이 오실 때에 그가 나를 증언하실

것이요"(요 15:26)

마지막으로, 성령님을 언급할 때 인칭대명사 '그'라고 표현되어
있습니다.

"진리의 성령이 오실 때에 그가 나를 증언하실 것이요"(요 15:26)

성령님은 눈에 보이지는 않지만 사람과 소통할 수 있는 인격을
지니신 하나님이십니다. 지식과 의지와 감정을 가지신 인격적인 하
나님이십니다.

무엇보다도 성령님은 우리의 영 안에 내주하시며 구원을 인치시
고 완성해 나가시는 분이십니다. 천국까지 손을 잡고 동행하시는
보혜사 하나님이십니다. 그렇기 때문에 성령님의 손을 놓치지 않기
위해서는 말씀하실 때 순종해야 합니다. 죄에 대해 의에 대해 심판
에 대해 책망하시는 성령님의 음성을 무시하면 절대 안 됩니다. 성
령님께서 근심하시기 때문입니다(엡 4:30). 그러시다가 소멸되실 수
도 있기 때문입니다(살전 5:19).

우리는 성령께서 감정과 의지를 가지고 말씀하실 때 들을 수 있
도록 영의 귀를 열어 달라고 기도해야 합니다. 더욱 갈망해야 합니
다. 하나님께서 그 간구를 들으시고 영의 귀를 여시사 성령님의 음
성을 듣게 하실 것입니다. 지금도 여전히 감정과 의지를 가지신 성
령님께서 들을 귀 있는 자녀들에게 말씀하시고 계십니다.

"귀 있는 자는 성령이 교회들에게 하시는 말씀을 들을지어다
이기는 자는 둘째 사망의 해를 받지 아니하리라"(계 2:11)

성령님도 인격이 있다고요?

사람이 어떠한 인격을 가졌느냐에 따라 존경심을 일으키기도 혐
오감을 일으키기도 합니다. 누구든지 훌륭한 인격을 가진 사람과
교제하기를 기대할 것입니다. 신뢰감을 주는 인격을 소유한 사람과
친구가 되기를 소원할 것입니다.

그런데 놀라운 것은 비단 사람에게만 인격이 있는 것은 아니라
는 것입니다. 성령께서도 인격을 소유하셨습니다. 성경에 바람 같
은 성령 혹은 불같은 성령으로 비유되어 있기 때문에 성령님을 인
격을 지니신 분으로 인식하지 못하는 것입니다. 성령님은 지성, 감
정, 의지(지,정,의)의 인격을 지니신 인격적인 하나님이십니다. [1]

무엇보다도 하나님의 인격가운데 희로애락의 감정이 있습니다.

---

1 성령님을 인격적인 하나님으로 표현하는 이유는 무엇일까요? 성령께서 인격을 가
지고 계시기 때문입니다. 지성과 감정, 의지를 가지고 역사하시기 때문입니다. 인간
에게 지성과 감정 의지가 있는 것은 하나님의 형상과 모양에서 비롯된 것입니다(창
1:26).

하나님께서는 때로는 기뻐하시며 탄식하기도 하십니다. 하나님의 형상과 모양대로 지은 아담을 보시며 '참 보기에 좋구나' 말씀하시며 기뻐하셨습니다. 우상숭배를 하고 있는 이스라엘 백성들을 바라보시며 크게 진노하기도 하셨습니다.

우리는 하나님의 형상대로 지음 받은 하나님의 자녀입니다(창 1:26). 하나님의 선한 인격들을 자녀에게 불어넣어 하나님의 형상대로 창조하셨습니다. 물론 아담이 불순종의 죄를 지음으로 말미암아 하나님의 인격과 형상도 사라지게 되었습니다.

쉽게 설명하면 갈라디아서 5장 22절과 23절에서 언급하고 있는 성령의 9가지 열매가 바로 하나님의 인격입니다. 사랑, 희락, 화평, 오래 참음, 자비, 양선, 충성, 온유, 절제가 하나님의 성품입니다. 하나님의 속성입니다.

안타깝게도 많은 이들이 하나님의 인격을 경험하지 못하고 있습니다. 자신의 믿음의 분량 안에서 자신이 체험한 범위 안에서 하나님의 성품을 해석합니다. 누군가는 지성소의 기도를 통해 하나님과의 친밀함을 경험하기도 할 것입니다. 그러나 대부분의 경우 하나님께서 지금도 쉬지 않고 자녀에게 말씀하시고 계신다는 것조차도 인식하지 못하고 있다는 것입니다.

도대체 무엇이 문제일까요? 하나님의 속성과 성품에 대해 잘 모르고 있기 때문입니다. 어떻게 말씀하시는지, 어떻게 할 때 친밀함의 단계로 도약될 수 있는지, 어떻게 하면 하나님의 지성소 안으로 들어갈 수 있는지를 알지 못하기 때문입니다. 신학적으로 혹은 배운 지식을 토대로 하나님을 제한적으로 경험하고 있기 때문입니다.

하나님께서 예레미야 31장 33절을 통해 이렇게 말씀하십니다.
"나 여호와가 말하노라, 내가 세울 언약은 이러하니 나는 그들의 하나님이 되고 그들은 내 백성이 될 것이라"(렘 31:33)
하나님의 소원은 나의 하나님이 되어 주시는 것입니다. 나의 아버지가 되시는 것입니다. 자녀와 친밀한 관계로 회복되는 것이 하나님 아버지의 유일한 소원이라는 것입니다. 하나님께서는 생각하는 것보다 더 가까이 계십니다. 만약 성령께서 내주해 계시다면 우리와 먹고 마시며 호흡조차도 함께 하고 계신 것입니다. 성령님의 눈을 통해 세상을 보며 세상이 감당치 못할 믿음으로 살아갈 수 있다는 것입니다. 문제는 죄로 인해 성령께서 근심하시고 성령의 충만함이 사라질 때 인격적인 성령님과의 소통과 교제도 멈춰질 수 있다는 것입니다.

그렇다면 어떻게 할 때 성령님의 인격을 경험하며 살아갈 수 있을까요? 인격적인 하나님과의 교제가 확장되는 것일까요?
첫째, 마음을 열고 성령님을 환영하며 사모해야 합니다. 성령님은 인격적이시기에 환영하지 않는다면 스스로를 제한하십니다. 환영하는 만큼 사모하는 만큼 역사하시는 능력이 강력해진다는 것입니다.

둘째, 매사에 성령님을 인식하고 인정해야 합니다. 혹시 성령님께서 어떻게 내주하시는지 알고 계신지요? 예수님을 영접할 때 회개의 영을 부으시고 죄인이었으나 의인으로 칭해주시면서 성령님께서 우리의 영 안에서 내주하십니다. 고린도전서 3장 16절에 '너희는 너희가 하나님의 성전인 것과 하나님의 성령이 너희 안에 계시는 것을 알지 못하느냐'라고 기록되어 있습니다.

우리의 영 안이 성령님이 내주하시는 성전이 되는 것입니다. 교회가 되는 것입니다. 성령께서 내주하시는 순간부터 인격적인 하나님과의 교제가 시작될 수 있습니다. 성령님이 바로 인격적인 하나님이시기 때문입니다. 성령님을 통해 삼위일체 하나님의 인격을 경험할 수도 있다는 것입니다.

그런데 성령님과의 소통을 위해서는 묻고 신뢰하며 인정하는 삶을 살아야 한다는 것입니다. 그때부터 성령께서 가르치시고 말씀하실 수 있기 때문입니다. 하나님께서 어떻게 말씀하시고 인도하시는지를 경험하게 된다면 친밀함의 단계까지도 도약될 수 있다는 것입니다. 그 순간부터 하나님의 인격을 느끼고 교제하는 것은 그리 어려운 일은 아닐 것입니다.

마지막으로 순종하는 삶을 살아야 합니다. 인격적인 성령님께서 말씀하셨다면 그 말씀이 하나님으로부터 온 것이라는 확신이 든다면 순종해야 합니다. 순종하면 할수록 우리의 겉사람(우리의 혼과 육)의 기질들이 다루어지기 때문입니다. 우리의 혼과 육에 흡착되어 있는 겉사람의 기질이 성령님께 복종되어 갈수록 자아가 죽으면 죽을수록 인격적인 하나님과의 소통도 더욱 확장될 수 있기 때문입니다.

하나님께서는 사랑하는 자녀와 소통하기 위해 지금도 여전히 말을 붙이고 계십니다.

"사랑하는 내 아들아, 내 딸아, 내가 너와 함께 함이라, 두려워 말라, 너의 하나님이 되어 주리라."

부디 성령님을 더욱 환영하고 인식하며 인정하시기 바랍니다. 순종의 삶을 살아 보기로 결단하시기 바랍니다. 그때부터 하나님의 인격을 경험하는 놀라운 동행의 삶이 시작될 것입니다.

> "무릇 하나님의 영으로 인도함을 받는 사람은 곧 하나님의 아들이라 너희는 다시 무서워하는 종의 영을 받지 아니하고 양자의 영을 받았으므로 우리가 아빠 아버지라고 부르짖느니라"(롬 8:14-15)

성령님은 어떻게 내주하실까?

"예수 천당! 불신 지옥!"

"예수님 믿고 구원 받으세요! 예수님 믿고 천국 가세요!"

우리는 주변에서 흔히 복음을 들을 수 있습니다. 어떤 사람은 복음을 듣고 받아들이며 믿습니다. 또 어떤 누군가는 복음을 듣고 무시합니다.

복음은 인간의 죄를 대속하기 위해 성자예수님이 성육신하셨고 화목제물로 십자가에서 돌아가신지 삼일 만에 부활하셨으며 예수님을 믿을 때 구원을 받는다는 기쁜 소식입니다(고전 15:1-3). 복음은 다른 사람이 아닌 자기 자신을 위해 죽으신 예수님이 믿어지기 시작할 때부터 능력으로 나타납니다. 하나님과 나와의 관계가 일대일이 될 때부터 권세가 나타나기 시작합니다. 복음이 나 자신을 향한 하나님의 사랑으로 각인될 때부터 생명으로 움트기 시작합니다. 그렇기 때문에 들든지 아니 들든지 복음을 전해야 합니다. 복음을 들을 때부터 역사가 일어나기 때문입니다.

멕시코의 선교사로 파송을 받고 난 후 몇 년간은 주로 오지를 다니며 복음을 전했습니다. 멕시코에 교회를 세워주고 주의 종들을 양육하는 것이 저의 사명이었기 때문입니다. 고아와 마약중독자의 엄마로 살아가겠노라고 서원했기 때문입니다.

그동안 사역을 하면서 복음을 듣는다고 다 믿는 것은 아니라는 것을 깨달았습니다. 복음을 전하는 것 자체가 치열한 영적전쟁이기 때문에 사탄이 강력하게 훼방하기 때문입니다. 모욕감으로 더 이상 복음을 전하지 못하도록 방해합니다. 예전에 오지 마을에 선교를 갔을 때 마을 사람들이 교회 창문에 계란을 던지며 욕을 퍼붓기도 했습니다. 심지어 멕시코의 현지 목사님은 오지의 인디언 마을에서 복음을 전하다 살해를 당하기도 했습니다.

그런데 신기한 것은 그토록 욕을 퍼부었던 사람들이 복음을 받아들이면서 성령이 내주하기 시작했다는 것입니다. 어느 순간에 그동안 들었던 복음이 심령에서 꿈틀거리면서 움직일 때가 있다는 것입니다. 생사의 갈림길에서 예수님의 이름이 떠오르면서 살려달라고 부르짖게 되기도 합니다.

보편적으로 가장 위급한 때에 예수님을 영접하게 됩니다. 고난과 환란 속에서 하나님을 의지하면서 복음을 받아들이게 됩니다. 그래서 고난이 축복이라고 말하는 것입니다. 문제는 복음을 들었다고 그 순간 성령으로 세례를 받는 것이 아니라는 것입니다. 그 즉시 성령님이 내주하시는 것은 아닙니다. 복음을 들으면서부터 성령님이 내주하실 수 있는 통로가 열리게 되는 것입니다.

"그 안에서 너희도 진리의 말씀 곧 너희의 구원의 복음을 듣
고 그 안에서 또한 믿어 약속의 성령으로 인치심을 받았으
니"(엡 1:13)

사도 바울은 성령님이 내주하시는 과정에 대해 명확하게 밝히고
있습니다. ² 성령님이 내주하실 수 있는 조건은 구원의 복음을 '듣
고' 그 복음을 '믿을 때'입니다. 우리가 복음을 듣고 믿어 예수님을
영접할 때 하나님께서 성령님을 보내 주신다고 약속해 주셨습니다.
복음을 듣고 믿을 때에 성령님께서 우리의 영 안에 내주하시며 구
원을 이루어 나가시는 것입니다.

그렇다면 성령님께서 내주하시면서 가장 먼저 하시는 일은 무엇
일까요?
바로 구원의 확신을 주시는 일입니다.
"오늘 당장 죽는다면 당신은 천국에 간다는 확신이 있습니까?"
누군가 물을 때 '네! 지금 당장 죽는다 해도 천국 갑니다'라고 대
답한다면 성령님이 내주하고 계신다는 확실한 증거입니다. 성령님
이 내주해 계신다면 성령님과 동행하며 이 세상을 살다가 성령님

---

2 성령세례가 부어지는 조건과 원리 : 복음을 들음 - 회개의 영이 부어짐 - 회개가 일어
   남 - 죄사함을 받음 - 성령세례(성령님 내주하심)

따라 천국으로 입성할 수 있게 됩니다.

혹시 현재 내 안의 주인이 누구인지 분별하고 계십니까? 성령님 인가요? 아니면 사탄인가요? 내 안의 통치권자가 누구인지 분별하는 것은 매우 중요합니다. 왜냐하면 사탄이 통치하고 있다면 마귀가 지옥으로 끌고 가기 위해 혈전을 벌이기 때문입니다. 우리가 구원받고 천국에 들어가는 것을 사탄이 강력하게 훼방하고 있기 때문입니다. 그러나 감사하게도 성령께서도 구원을 잃어버리지 않기 위해 원수 마귀와 싸워 주신다는 것입니다. 성령께서 내주해 계시다면 구원을 완성시키기 위한 영적전쟁을 우리를 대신하여 치뤄 주십니다. 그래서 여호와의 전쟁인 것입니다.

"너희 몸은 너희가 하나님께로부터 받은 바 너희 가운데 계신 성령의 전인 줄을 알지 못하느냐 너희는 너희 자신의 것이 아니라"(고전 6:19)

'성령내주'의 신령한 비밀을 깨달았던 사도 바울은 하나님의 놀라운 계시를 풀어냈습니다. '너희 가운데 계신 성령의 전'이라고 성경에 명확하게 기록해 놓았습니다(고전 6:19). 쉽게 설명한다면 너희의 영 안에 내주해 계신 성령이란 뜻입니다. 예수님을 영접한 그리스도인 안에 성령께서 내주해 계신다는 것입니다.

혹시 아직도 우리의 몸이 우리의 것이라고 생각하고 계십니까?

우리의 몸은 이제 우리의 것이 아닙니다. 우리의 몸은 성령께서 내주하시는 거룩한 성전입니다. 성령의 내주 시대를 살아가고 있는 우리에게 하나님은 말씀하시고 계십니다.

"누구든지 하나님의 성전을 더럽히면 하나님이 그 사람을 멸하시리라. 하나님의 성전은 거룩하니 너희도 그러하라!"

"너희는 너희가 하나님의 성전인 것과 하나님의 성령이 너희 안에 계시는 것을 알지 못하느냐 누구든지 하나님의 성전을 더럽히면 하나님이 그 사람을 멸하시리라 하나님의 성전은 거룩하니 너희도 그러하니라"(고전 3:16-17)

성령님이 내주하셔야만 하는 분명한 이유

하나님께서는 '영원히 끝까지 함께 하겠노라'는 약속을 지키기 위해 친히 성령으로 임재하셨습니다(고전 3:16). 하나님께서 자녀에게 가장 주고 싶으셨던 선물은 바로 하나님 자신이셨던 것입니다. 하나님의 애달픈 마음이 심령을 뚫고 메아리쳐 들려오는 듯 합니다.

"사랑하는 내 딸아, 내 아들아, 세상 끝 날까지 너희와 항상 함께

하리라. 보혜사 성령으로 임하여 보호하리라. 결코 고아처럼 홀로 내버려 두지 않으리라. 죽기까지 사랑하도다. 영원히 끝까지 함께 하리라"

구약시대에는 하나님과의 관계가 단절되었을 때에 동물의 제사를 통해 관계를 회복해야 했습니다. 하지만 죄가 만연해지므로 동물제사로도 그 어떠한 행위로도 하나님과의 관계가 회복될 수 없었습니다. 독생자 예수님을 십자가에서 죽게 하심으로 단번에 하나님과의 관계를 화목하게 만드셨습니다. 모든 죄악을 짊어지시고 화목제물이 되어 죽으심으로 하나님과의 막힌 담을 허물어뜨리신 것입니다. 우리가 예수님을 영접한다면 죄가 없다 칭해 주시면서 성령님께서 내주하시게 됩니다. 예수님을 구세주로 믿고 시인할 때 성령님과의 동행이 시작되는 것입니다.

지금부터는 성령님께서 반드시 내주하셔야만 하는 몇 가지 이유에 대해 살펴보겠습니다.

첫째, 성령께서 내주하실 때 비로소 구원이 완성되기 때문입니다. 아무리 교회를 수십 년을 다닌다 할지라고 성령께서 내주하시지 않는다면 구원을 받지 못합니다. 구원의 인을 쳐주시는 성령께서 내주하셨는지 그렇지 않은지는 매우 중요한 문제입니다. 성령께서 견인하시며 동행하신다면 그 사람이 가는 곳은 천국입니다. 성령님의 통치를 받으며 이 땅을 살아갈 때 하나님의 나라에 입성할 수 있다는 것입니다. 내 안에 진정한 주인이 성령님이냐 사탄이냐에 따라 사망이후에 우리가 가는 곳이 천국이냐 지옥이냐로 갈라진다는 것입니다. 우리가 구원받고 천국에 입성하기 위해서는 반드시 성령께서 내주해 계셔야만 한다는 것입니다.

둘째, 성령님께서 내주해 계실 때 진정한 믿음생활로 진입될 수 있기 때문입니다. 믿음생활은 취미생활이 아닙니다. 우리가 구원을 받고 천국에 가느냐, 지옥으로 떨어지느냐를 결정하는 가장 큰 모험입니다.

믿음은 하나님을 앙망하는 마음입니다. 인간의 지식으로는 보이지 않는 하나님을 사랑할 수 없습니다. 찾을 수도 없습니다. 성령님을 통해 하나님을 사랑하게 되고 갈망하게 되며 침노하는 것입니다. 믿음의 성장을 위해 반드시 성령님의 도우심이 필요합니다.

실제 목회자들 사이에서 가장 큰 저주의 말이 '성령님의 도움 없이 사역하라'입니다. 성령께서 깨닫게 하시고 인도하시지 않는다면 믿음을 지키는 것 자체가 쉽지 않습니다. 성령께서 동행해 주실 때 믿음이 무럭무럭 자라날 수 있습니다. 성령님의 통치 안에서 신앙생활을 할 때 믿음의 돌파가 일어난다는 것입니다.

마지막으로 성령님께서 내주해 계신다면 능동적으로 우리의 삶 가운데 개입하실 수 있습니다. 저는 설교를 할 때나 집회를 인도할 때 성령의 도움을 구하는 기도를 항상 올립니다.

"성령님, 혀의 주권을 하나님께 올려 드립니다. 성령께서 말하게 하심에 따라 말씀을 선포하게 하소서"

　성령님께서 능동적으로 개입해 주기를 간구할 때마다 항상 역사해 주셨습니다. 성령님은 인격적이시기 때문에 환영하고 구할 때 더욱 강하게 개입하실 수 있습니다.

　그렇다면 성령님께서는 어떠한 일을 행하실까요? 이루 헤아릴 수 없을 만큼 많습니다.

　창조사역에 참여하셨으며 예수님의 잉태와 탄생을 가능하게 하셨습니다. 사람들에게 영감을 주셔서 성경을 쓰게 하셨습니다. 예수님을 증언하시고 진리 가운데로 이끄시며 하나님의 영광을 나타내십니다. 성도들을 위해 말없는 탄식으로 간구하시며 중보하고 계십니다. 우리를 하나님의 자녀로 거듭나게 하시며 구원을 인치시고 거룩한 성품을 갖게 하십니다. 하나님의 능력인 성령의 9가지 은사와 하나님의 성품인 성령의 9가지 열매를 맺도록 이끌어 주십니다. 성도들에게 권능을 주셔서 예수님의 증인된 삶을 살도록 능력을 주십니다.

　이 밖에도 수없이 많은 사역을 감당하시며 동행하고 계십니다. 기억할 것은 성령님은 어떤 사물이 아니라 인격으로 존재하신다는 것입니다. 영으로 존재하신다는 것입니다. 눈에 보이지도 손에 잡히지도 않지만 성령님은 보혜사 하나님으로 늘 동행하고 계십니다.

"보혜사 곧 아버지께서 내 이름으로 보내실 성령 그가 너희에게 모든 것을 가르치고 내가 너희에게 말한 모든 것을 생각나게 하리라"(요 14:26)

성령님이 임하시면 무슨 일이 일어날까?

이 세상을 살아가면서 받을 수 있는 많은 축복들이 있습니다. 성공을 축복으로 받은 사람도 있을 것입니다. 재물의 축복을 받은 사람도 있을 것입니다. 많은 크리스천들이 하나님의 축복을 기대하며 간구합니다. 물론 세상의 빛과 소금의 역할을 감당해야 하기 때문에 축복의 통로로 쓰임을 받는 것을 사모해야 합니다. 그러나 이보다 더 큰 축복을 밭에 감추어 놓은 보화처럼 숨겨 놓으셨습니다. 세상의 것들과는 감히 비교도 할 수 없을 만큼의 큰 축복을 예비해 놓으셨습니다. 하나님 아버지는 모든 자녀들이 그 축복을 누리기를 원하십니다.

무엇보다도 두 가지의 큰 축복을 약속해 주셨습니다.

하나는 사망 권세에 이끌려 지옥으로 떨어지는 자녀들이 예수님을 구주로 영접할 때 구원해 주시겠다는 약속입니다(롬 10:9-10). 또 하나는 그 값진 구원을 완성시키기 위해 보혜사 성령님을 선물로 보내주시겠다는 약속이었습니다(엡 4:30).

하나님의 약속은 오순절 마가다락방에서 120명의 성도들에게 임한 성령강림의 역사적인 사건을 시작으로 성취되었습니다. 우리가 예수님을 믿는다면 성령께서 우리의 영 안에 내주하시는 축복을 받게 되었습니다. 성령께서 내주하시면서부터 영적인 변혁이 일어나게 됩니다. 우리의 인생 자체를 변화시키며 축복된 인생으로 이끌고 가신다는 것입니다.

우리는 성령이 임하실 때 어떠한 내면적 변혁과 외면적 변화가 일어나는지에 대해 인식해야 합니다. 성령님을 환영하고 인정하고 동의하는 삶을 살 때 더욱 동행해 주실 수 있기 때문입니다.

마귀의 자식에서 하나님의 자녀로

"너의 아비는 마귀다! 너는 본질상 진노의 자녀다!"
"너희는 너희 아비 마귀에게서 났으니 너희 아비의 욕심대로 행하고자 하느니라"(요 8:44)[3]

---

3 "너희는 너희 아비 마귀에게서 났으니 너희 아비의 욕심대로 너희도 행하고자 하느니

성경을 읽고 있는데 요한복음 8장 44절 말씀이 심령 깊숙이 파고들었습니다. 그 순간 전율이 일어났습니다. 로고스의 말씀이 레마의 말씀으로 심령을 강타했습니다.

"너희 아비는 마귀다. 그러나 성령이 임하므로 하나님의 자녀가되는 권세를 누리게 되었도다. 예수 그리스도가 온 것은 마귀를 멸하기 위함이니라. 또한 마귀의 호적에서 너희를 빼내어 하나님께입양시키기 위해서 왔느니라. 성령이 임하므로 너희의 신분이 하나님의 자녀로 변화되었도다"

그렇습니다. 성령이 임하기 전의 우리의 태생적 신분은 마귀의자식이었습니다. 본질상 진노의 자녀였습니다. 하나님의 진노를받을 수밖에 없는 사망의 자식이었습니다. 이는 성경이 증거하고있는 진리입니다.

> "너희는 다시 무서워하는 종의 영을 받지 아니하고 양자의
> 영을 받았으므로 우리가 아빠 아버지라고 부르짖느니라 성령
> 이 친히 우리의 영과 더불어 우리가 하나님의 자녀인 것을
> 증언하시나니"(롬 8:15-16)

라 그는 처음부터 살인한 자요 진리가 그 속에 없으므로 진리에 서지 못하고 거짓을
말할 때마다 제 것으로 말하나니 이는 그가 거짓말쟁이요 거짓의 아비가 되었음이라"
(요 8:44)

그러나 성령이 임하므로 양자의 영을 받아 하나님을 아빠 아버지라고 부르게 되었습니다. 성령이 임하므로 마귀의 자식에서 하나님의 자녀라는 신분으로 변화되었습니다.[4] 성령께서 통치하시며 태생적 신분을 바꾸시기 위해 쉬지 않고 일하시고 계십니다. 그 은혜로 지옥책에 이름이 새겨져 있었으나 생명책에 이름이 새겨지게 되었습니다. 사망에서 생명으로 변화되었습니다. 최상의 신분인 천국의 시민권을 선물로 받았습니다.

그런데 문제는 하나님의 자녀라는 신분을 계속 유지하는 것이 결코 쉽지 않다는 것입니다. 원수 마귀의 공격이 끊이질 않기 때문입니다.

우리는 지금 시소에 올라타 있습니다. 시소 중간에 앉아 무게중심을 바꿔가며 때로는 마귀의 자식으로 때로는 하나님의 자녀로 살아가고 있습니다. 이러한 상태를 계속 유지하게 된다면 종국에는 마귀가 역사하는 힘이 더 커지게 됩니다. 그런 연유로 신분의 변화가 일어났다면 하나님의 자녀로서 합당한 삶을 살아내야 합니다. 변화된 삶을 살아내야 합니다. 옛 아비인 마귀가 예전의 삶으로 돌

---

4 하나님의 자녀의 특권 (하나님의 양자가 되면 받는 특권)
   1) 예전 것은 사라지고 새로운 피조물이 됨 (영적 변혁)
   2) 죄인이었으나 의인으로 칭함 받음 (구원 받음)
   3) 하나님의 자녀로서 하나님의 상속자가 됨
   4) 믿는 자의 표적이 나타남 (막 16:17-18)
   5) 영생의 나라 천국을 들어가게 됨

이기고자 덤벼들기 때문입니다. 죄를 빌미로 강력하게 끌어당긴다는 것입니다.

"아직도 네 안에 죄 있잖아! 그러니 여전히 너는 내 자식이야!"

마귀의 호적에서 우리의 이름이 완전히 말소되는 것이 결코 쉽지 않습니다. 호적 정리가 되기 위해서 마귀로부터 받은 죄의 본성과 피 흘리기까지 싸워야 합니다. 혼과 육에 더덕더덕 붙여놓은 죄의 찌꺼기들을 뜯어내야 합니다. 마귀가 심어놓은 원죄 덩어리 속에서 받은 유전적인 죄악들을 뽑아내야 합니다. 끊임없이 겉사람의 기질들과 싸워나가야 합니다. 그래야만 마귀의 지옥책의 이름에서 우리의 이름이 완전히 말소가 되기 때문입니다.

어쩌면 옛 아비 마귀와의 결별을 선언한 그날부터 엄청난 영적전쟁이 일어날지도 모르겠습니다. 이때부터 속사람과 겉사람[5]의 영적전쟁이 시작됩니다. 우리가 감당할 수 없는 치열한 전쟁을 치러야 할지도 모릅니다. 성령이 임하므로 하나님의 자녀의 신분은 취득했지만 마귀가 다시 자신의 자식을 찾기 위해 덤벼들기 때문입니다.

만약 사탄이 주는 쾌락과 유혹을 즐겼다면 성령님께서 들춰내시

---

5 속사람 : 성령님과 우리의 영 (예수님을 영접하므로 거듭난 영)
겉사람 : 인간의 혼(지성, 감정, 의지)과 육, 사탄에게 종속됨으로 인해 기질화 되어 있는 본성, 사탄의 영향력 등

며 토설하게 하실 것입니다. 부정한 방법으로 재물을 취했다면 성령님께서 다 토해내게 하실 수도 있습니다. 아마도 그것이 엄청난 고난으로 다가올 것입니다. 마귀도 우리를 자신의 자식으로 복원시켜 지옥으로 끌고 가기 위해 총공격을 퍼붓습니다. 우리의 마음 가운데 축적되어 있는 사탄의 본성을 충동질하며 자극합니다. 계속 죄를 짓게 하면서 성령님이 근심하시고 떠나가시도록 충동질을 합니다.

"너 바보니? 화내! 짜증내! 술 먹어! 네가 하고 싶은 대로 해!"

이때부터 본격적인 속사람과 겉사람의 전쟁을 선포하며 싸워나가야 합니다. 이 싸움을 하지 않는다면 어느 순간 마귀가 뿌려놓은 죄 앞에 무너져 내릴지도 모릅니다. 그렇게 된다면 성령이 임하셨다 할지라도 근심하실 수 있습니다. 성령이 근심하시고 만약 소멸되신다면 하나님의 자녀의 신분도 자동적으로 상실되게 됩니다. 죄에 굴복 당하므로 마귀의 자식으로 복원되었다면 결국 하나님의 자녀의 신분도 사라지게 된다는 것입니다. 죄와의 싸움을 시작할 때 비로소 하나님의 자녀의 신분이 유지될 수 있습니다. 문제는 하나님의 자녀의 신분과 천국의 시민권이 말소된다면 구원도 잃어버리게 된다는 것입니다. 성령이 임하므로 하나님의 자녀의 신분을 받는 그 순간부터 엄청난 전쟁이 일어난다는 것을 기억해야 합니다.

그렇다면 성령님께서 무엇을 어떻게 말씀하시며 역사하실까요?

성령님은 마귀가 뿌려놓은 원죄의 뿌리를 뽑아내기 위해 쉬지 않고 일하십니다. 성령님을 모실 수 있는 거룩한 성전으로 빚기 위해 속사람과 겉사람과의 전쟁이 시작됩니다. 친히 성령님께서 역사하시며 군대대장 되시어 싸워 주십니다. 때때로 우리의 영적인 상태에 따라 다양하게 말씀하기도 하십니다.

"분노하지 말라, 시기하지 말라, 음란하지 말라."

죄를 멀리하도록 계속 죄에 대해 의에 대해, 심판에 대해, 말씀하시며 인도하신다는 것입니다. 만약 성령님의 말씀에 순종해 나간다면 그만큼 마귀가 뿌려놓은 원죄 속에서 흘러나오는 죄성들이 끊어지게 됩니다. 이러한 과정 속에서 성령이 충만해지므로 하나님의 자녀의 신분을 찾게 됩니다. 천국에서 영원히 사는 구원의 축복을 상속으로 받게 되는 것입니다. 하나님의 자녀의 삶을 살아갈 때 이 신분은 계속 유지될 것입니다.

> "영접하는 자 곧 그 이름을 믿는 자들에게는 하나님의 자녀
> 가 되는 권세를 주셨으니 이는 혈통으로나 육정으로나 사람
> 의 뜻으로 나지 아니하고 오직 하나님께로부터 난 자들이니
> 라"(요 1:12)

믿음이 확~ 들어오네

지금의 저는 선교사의 삶을 살고 있지만 예전에 성경을 거의 보지 않던 사람이었습니다. 성경말씀이 어려워 도저히 읽을 수가 없었습니다. 몇 줄을 읽다보면 어느새 눈이 스르르 감겼습니다. 그렇게 종교 생활을 하던 중 급격한 우울증에 빠져 자살을 시도했었습니다. 그러던 제가 지옥의 문턱에서 예수님을 영접했고 성령님이 임하셨습니다.

그런데 놀라운 것은 성령이 임하시니 성경이 통째로 다 믿어지더라는 것입니다. 창세기부터 요한계시록까지 모든 성경이 다 믿어졌습니다. 십자가의 사랑에 감격하여 눈물을 뚝뚝 흘리며 통곡했습니다. 2천 년 전에 예수님이 행하셨던 모든 일들이 파노라마처럼 눈앞에서 펼쳐지는 듯 했습니다. 성경을 보고 또 보았습니다. 꿀송이처럼 달았습니다. 성경의 저자이신 성령을 통해 성경을 보고 성령을 통해 예수님을 생각하니 믿음이 순식간에 자라났습니다. 한참이 흐른 후 성경이 믿어지는 이유를 성경에서 발견하게 되었습니다.

"내가 아버지께로부터 너희에게 보낼 보혜사, 곧 아버지께로부터 나오시는 진리의 성령이 오실 때에 그가 나를 증언하실 것이요"

예전에 성경이 믿어지지 않았던 이유는 바로 성령님이 내주하지 않으셨기 때문이었습니다. 성령의 도움 없이 이성으로 믿어 보려 했기에 그렇듯 힘겨운 싸움을 했던 것입니다.

그렇습니다. 성령이 임하시면 죄에 대해, 의에 대해, 심판에 대해 가르치시며 믿음을 성장시켜 나가십니다(요 16:7-8). 믿음의 본질을 깨닫게 하십니다. 믿음의 본질은 하나님의 아들이신 예수님을 인격적으로 알고 믿는 것입니다(엡 4:13). 복음의 진리를 믿는 것입니다. 믿음은 내가 경험한 것이 아니라 예수님이 하신 일을 믿는 것입니다. 예수님이 누구신지, 왜 성육신하셨는지, 왜 죽으셔야만 하셨는지를 성령님께서 깨닫게 하십니다.

성령이 임하시면 그동안 지식으로 축적되어 믿음이라고 착각했던 믿음이 머리에서 가슴으로 내려오기 시작합니다. 믿는 믿음에서 사는 믿음으로 변화시켜 나가십니다. 우리가 무엇을 믿어야 하는지 성령께서 친히 가르치십니다.

> "다른 사람에게는 같은 성령으로 믿음을, 어떤 사람에게는
> 한 성령으로 병 고치는 은사를... 이 모든 일은 같은 한 성령
> 이 행하사 그의 뜻대로 각 사람에게 나누어 주시는 것이니
> 라"(고전 12:9,11)

놀라운 것은 믿음도 9가지 성령의 은사 중에 하나라는 것입니다.

"다른 사람에게는 같은 성령으로 믿음을.. 이 모든 일은 같은 한 성령이 행하사 그의 뜻대로 각 사람에게 나누어 주시는 것이니라" (고전 12:9,11)

우리가 지금 믿음이 있는 것처럼 느껴지지만 어쩌면 지식으로 믿었던 허상의 믿음일지도 모릅니다. 이러한 믿음은 우리의 생각이 변할 때 바람에 나는 겨처럼 사라지게 됩니다. 이와 상대적으로 성령을 통해 은사로 부어진 믿음은 반석위에 세운 집처럼 견고하여 쉽게 믿음이 사라지지 않습니다. 성령이 임하므로 가장 먼저 믿음의 은사를 부어주시며 믿음의 성장을 주도해 나가십니다. 믿음은 성령님께서 값없이 부어주시는 선물입니다.

많은 분들이 자신의 의지와 노력을 통해 믿음이 성장된다고 생각하고 있습니다. 어쩌면 맞을 수도 있겠습니다. 그러나 그러한 방법으로는 믿음을 성장시키기가 어렵습니다. 한계가 있다는 것입니다. 왜냐하면 성경은 인간의 이성과 지식으로는 도저히 믿겨지지 않는 하나님의 신비를 담고 있기 때문입니다. 믿을 수 없는 초자연적인 말씀이 담겨져 있기 때문입니다. 머리에서는 믿어지나 쉽사리 심장으로 내려오지 않기 때문입니다. 더불어 사탄이 하나님의 말씀을 믿지 못하도록 불신의 영을 쏟아 붓고 있기 때문입니다.

그런데 성령이 임하시면 복음의 진리가 다 믿어집니다. 내 능력과 생각이 아니라 하나님의 능력으로 믿음이 부어집니다. 예수님이 그리스도시요, 하나님의 아들이며, 자신이 죄인이라는 것이 성령을 통해 믿음으로 들어오기 시작합니다. 그때부터 믿음을 담을 그릇이 만들어지기 시작합니다. 믿음이 급속도로 자라납니다. 마치 한 알의 믿음의 씨앗이 땅에 심겨져 발아가 되고 새싹이 움트는 것처럼 말입니다.

성령께서 그동안 지식으로만 믿어왔던 믿음을 심장으로 끌어내리는 일을 시작하셨기 때문입니다. 내 중심에서 믿었던 말씀을 예수님 중심으로 바꿔 나가시며 믿음을 성장시켜 나가기 때문입니다. 물과 양분을 주시며 믿음을 성장시켜 나가시기 때문입니다. 성령께서 다양한 방법을 통해 예수님을 알게 하시고 믿게 하시고 믿음의 돌파를 이루어 나가시기 때문입니다.

문제는 설령 성령님을 통해 믿음이 부어졌다 할지라도 믿음의 성장을 위해 결단하는 삶이 필요하다는 것입니다. 삶으로 살아내지 못한다면 믿음이 무너져 내릴 수도 있습니다. 믿음을 둘러싼 영적 전쟁이 일어날 때 패배하게 된다면 믿음이 순식간에 사라질 수도 있다는 것입니다.

그렇다면 믿음을 지키기 위해 어떻게 해야 할까요?[6]

가장 먼저 예배자로 서야 합니다. 오직 하나님만을 섬기겠노라고 결단해야 합니다. 하나님의 말씀을 지속적으로 충전 받아야 합니다. 믿음은 들음에서 나며 들음은 그리스도의 말씀으로 비롯되는 것이기에 늘 성경을 읽어야 합니다(롬 10:17). 또한 믿음을 훼방하는 악한 영들의 공격이 느껴진다면 대적하며 파쇄해야 합니다. 쉬지 말고 기도하며 하나님의 도우심을 구해야 합니다.

무엇보다도 믿음이 성장될 수 있도록 삶을 변화시켜 달라고 기도해야 한다는 것입니다. 성령이 임하므로 믿음이 생겼다 할지라도 마귀의 공격으로 믿음도 요동칠 수도 있기 때문입니다. 기도할 때 성령님께서 물과 양분을 주시며 믿음을 성장시켜 나가실 수 있기 때문입니다.

"복음에는 하나님의 의가 나타나서 믿음으로 믿음에 이르게 하나니 기록된 바 오직 의인은 믿음으로 말미암아 살리라 함과 같으니라"(롬 1:17)

---

6 믿음의 성장과 돌파를 위한 7가지 예방수칙
  1) 매일 성경말씀 읽기 (수 1:8)
  2) 하루 3번 기도하는 습관 갖기 (단 6:10)
  3) 나 홀로도 예배드릴 수 있는 환경 만들기 (요 4:23)
  4) 믿음이 떨어지지 않도록 마음 지키기 (잠 4:23)
  5) 믿음을 완전하게 하시는 예수님만 바라보기 (히 12:2)
  6) 하나님의 보호하심과 지켜주심에 감사하기 (살전 5:18)
  7) 성령의 충만함을 구하고 유지하기 (엡 5:18)

생각의 치열한 영적전쟁[7]

어쩌면 우리의 생각이라고 착각했던 많은 생각들이 마귀로부터 받은 생각일지도 모릅니다. 자아라는 혼의 객체에 마귀가 심어 놓은 생각일 수도 있습니다. 우리의 연약함을 잘 아시는 성령님께서 생각을 바꾸기 위해 순종을 요구 하실지도 모르겠습니다.

"내 아들아, 분노하지 마라. 용납하라. 품으라. 사랑하라. 내 딸아, 이것을 해주면 안 되겠느냐?"

그 순간 또 생각이 들어옵니다.

"하나님, 하기 싫어요! 내가 왜 해야 해요?"

우리가 하나님의 말씀에 순종할 때마다 마귀로부터 받은 생각이 희석되면서 하나님의 생각으로 채워지기 시작합니다. 순종하면 할수록 성령께서 강하게 역사하시며 내 생각인 양 붙어 있는 마귀의 생각을 분리해 내는 작업을 행하신다는 것입니다. 마귀로부터 받은 생각의 뿌리들이 하나하나 제거되기 시작합니다. 우리의 생각을 비

---

7 생각의 3가지 종류
   1) 하나님으로부터 기인된 생각과 감동
   2) 사탄으로부터 투영된 생각
   3) 자신의 생각

위내고 하나님의 생각으로 채워 나가시는 것입니다.

무엇보다도 성령이 임하시면 자신이 죄인이며 예수님께서 그리스도시요 하나님의 아들이라는 생각으로 채워지기 시작합니다. 문제는 성령이 임하시어 생각이 변화되었다 할지라도 결단하며 순종하지 않는다면 어느 순간 그 생각이 사라져 버릴 수도 있다는 것입니다.

성령님의 생각을 받아들이는 만큼 마귀가 주는 생각도 차단될 수 있습니다. 성령님의 통치만큼 생각을 주도해 나가실 수 있습니다. 생각이 변화되는 만큼 우리의 인생도 변화될 수 있다는 것입니다.

성령님께서 어떻게 우리의 인생을 디자인하실까요? 가장 먼저 우리의 생각과 마음을 변화시키십니다. 생각이 변하면 마음이 변화됩니다. 마음이 변한다면 행동하기 시작합니다. 하나님의 말씀에 순종하기 시작합니다. 잘못된 행동을 바꾸시고 인생 전체를 변화시키기 위해 일하신다는 것입니다. 사도바울처럼 말입니다.

회심 전 사도 바울은 예수님을 믿는 자들은 다 죽어도 마땅하다고 생각했습니다. 이러한 생각은 성령이 임하면서 바뀌게 되었습니다. 예수님의 핍박자에서 전도자로 예수님을 증거하고 복음을 전해야겠다는 생각으로 가득 채워지게 되었습니다. 성령이 임하므로 생각과 마음과 행동 자체를 바꿔 나가시는 것입니다. 그렇다면 옛 아비 마귀가 주었던 생각은 무엇이었을까요?

"그리스도인들을 다 잡아서 죽여라! 그들은 하나님을 대적하는 사람들이다!"

성령이 임하면서부터 엄청난 영적전쟁의 씨름을 시작합니다. 바로 옛 아비 마귀가 이끄는 겉사람과 성령께서 주도하시는 속사람의 치열한 전쟁입니다. 마귀가 주는 생각을 하나님이 주시는 생각으로 바꿔나가는 것이 바로 겉사람과 속사람과의 전쟁의 핵심입니다. 마귀가 뿌려놓은 죄성을 뿌리치고 하나님의 말씀에 순종하는 삶을 사는 것이 영적전쟁을 하는 이유라는 것입니다. 결국 사도바울은 그 치열한 영적전쟁에서 승리하여 그의 인생 전체가 하나님께 쓰임 받는 큰 권능의 종이 되었습니다.

성령이 임하시면 우리는 반드시 변화됩니다. 마귀의 자식에서 하나님의 자녀로서의 신분이 변화됩니다. 성령을 통해 은사적인 믿음이 부어져 성장됩니다. 그렇게 될 때 인생 전체를 새롭게 디자인하는 놀라운 일들이 펼쳐집니다. 기억해야 할 것은 이러한 축복을 받기 전에 엄청난 고난에 직면할 수 있다는 것입니다. 마귀 아버지가 뿌려놓은 죄의 달콤한 유혹들을 뿌리치고 하나님의 법에 복종해야 하기 때문입니다. 이러한 싸움은 생각보다 쉽지 않습니다. 하지만 반드시 치러야 할 전쟁입니다. 이러한 영적전쟁에서 처절할 만큼 싸웠던 사도바울이 이런 고백을 남겼습니다.

"내가 한 법을 깨달았노니 곧 선을 행하기 원하는 나에게 악이 함께 있는 것이로다"(롬 7:21)

"오호라 나는 곤고한 사람이로다 이 사망의 몸에서 누가 나를 건져내랴"(롬 7:24)

우리 모두는 사도바울의 고백처럼 다 비참한 사람들입니다. 옛 아비 마귀가 몸을 붙잡고 죄를 짓도록 종용하고 있기 때문입니다. 나의 마음은 성령님의 인도하심을 사모하지만 원죄로부터 흘러나오는 죄성 때문에 마귀에게 굴복당하고 있기 때문입니다.

그러나 낙심하지 마십시오. 우리 주 예수 그리스도께서 모든 싸움을 해주실 것이기 때문입니다(롬 7:25). 이러한 영적전쟁을 통해 우리의 겉사람은 낡아지나 속사람은 날로 새로워질 것이기 때문입니다.

"그러므로 우리가 낙심하지 아니하노니 우리의 겉사람은 낡아지나 우리의 속사람은 날로 새로워지도다"(고후 4:16)

성령님 없는 구원? 과연 가능할까?

"나는 교회에 다니고 있으니 분명히 천국 갈거야!"

"한번 구원 받았다면 어떻게 살든 결코 사라지지 않아!"

"우리 아빠가 목사님이니까, 나는 모태신앙자이니까 구원 받았어!'

혹시 한번 구원을 받았다면 영원하다고 생각하고 계신지요? 그런데 과연 그럴까요?

안타깝게도 그 누구도 구원을 받았는지 받지 못했는지 확언할 수 없습니다. 천국에 갈지 지옥에 갈지 추측할 수도 없습니다. 천국행이냐 지옥행이냐의 결정권은 오직 하나님께만 있습니다. 우리가 아무리 구원을 받았다고 확신하고 있다 할지라도 심판 날에 '너는 아니다'라고 말씀하신다면 바로 지옥행이라는 것입니다. 그때 가서 울고불고 매달려도 기회는 없습니다.

> "네가 만일 네 입으로 예수를 주로 시인하며 또 하나님께서
> 그를 죽은 자 가운데서 살리신 것을 네 마음에 믿으면 구원
> 을 받으리라. 사람이 마음으로 믿어 의에 이르고 입으로 시인
> 하여 구원에 이르느니라"(롬 10:9-10)

예수님 이외에는 그 어떤 구원의 조건도 존재하지 않습니다. 하나님께서 천하 사람 중에 구원을 받을 만한 다른 이름을 주신 적이 없습니다(행 4:12). 오직 예수님만이 구원의 열쇠입니다 하지만 우리가 생각하는 것보다 구원을 받기가 결코 쉽지 않다는 것입니다. 구

원받는 것을 증오하는 사탄이 내버려 두지 않기 때문입니다. 예수님을 구세주로 믿고 있지만 그 구원의 믿음을 빼앗기 위해 사탄이 집요하게 물어뜯기 때문입니다. 죄의 올무를 들고 사탄이 공격해 올 것을 잘 알고 계신 예수님께서는 제자들에게 이렇게 말씀하셨습니다.

"내가 떠나가는 것이 너희에게 유익이라. 내가 떠나가지 아니하면 보혜사가 너희에게로 오시지 아니할 것이요 가면 내가 그를 너희에게로 보내리니 그가 와서 죄에 대하여 의에 대하여 심판에 대하여 세상을 책망하시리라"(요 16:7-8)

보혜사 성령님은 예수님을 증언하시는 하나님의 영이십니다. 예수의 영이신 성령께서 내주하실 때야 비로소 예수님을 구주로 믿고 시인할 수 있게 됩니다. 성령이 내주하시지 않는다면 결단코 예수님을 구세주로 고백할 수 없습니다. 그러나 세상은 그리 호락호락하지 않습니다. 사탄도 그리 만만히 볼 대상이 아닙니다. 거룩하신 성령을 우리의 영 안의 성전에 모실 수 없도록 집요하게 공격해 온다는 것입니다. 불법과 불의, 불신과 다툼, 시기, 질투, 이간질, 음란 등 다양한 방법으로 믿음을 흔들어 댑니다. 결국 잃어버리게 합니다. 그런 연유로 성령께서 임하시면 가장 먼저 죄에 대해, 의에 대해, 심판에 대해 가르치시며 회개의 삶으로 이끄시는 것입니다(요 16:8). 그런데 만약 우리가 죄 안에 계속 거하게 된다면 성령께서 근심하시게 됩니다.

"하나님의 성령을 근심하게 하지 말라 그 안에서 너희가 구원의 날까지 인치심을 받았느니라"(엡 4:30)

"성령을 소멸하지 말며"(살전 5:19)

사도바울은 죄를 지어 성령을 근심하게 하지 말라고 강하게 책망했습니다. 죄가 만연해질 때 사탄이 주인이 되고 그때부터 믿음을 송두리째 흔들어대기 때문입니다. 그 결과 예수님께서 구세주라는 믿음조차도 소멸될 수 있습니다. 성령님의 내주여부는 믿음과 밀접한 관계가 있습니다. 믿음이 사라진다면 내주해 계신 성령께서도 소멸되실 수밖에 없습니다.

성령님은 구원을 인치시고 완성하시고 천국까지 손을 잡고 동행하시는 보혜사 하나님이십니다. 그렇기 때문에 성령님께서 책망하실 때 그 음성을 무시하면 절대 안 됩니다. 성령님께서 근심하시다가 소멸되실 수도 있기 때문입니다. 성령님께서 내주해 계실 때만 구원이 완성될 수 있습니다. 성령님과 동행하는 삶을 살다가 성령님의 손잡고 천국에 입성하는 것입니다. 성령께서 내주해 계실 때 '천국의 시민권'을 가진 하나님의 자녀로서 천국에 입성할 수 있다는 것입니다.

진리의 세계에서 진짜와 가짜의 분별은 그리 어렵지 않습니다. 가짜는 넓은 길 가라합니다. 진짜는 좁은 길 가라합니다. 가짜는 돈을 요구하고 진짜는 거저 주라 합니다. 진짜를 분별하며 따라갈 때 구원을 선물로 받게 된다는 것을 기억하시기 바랍니다.

구원이라는 선물을 받기 원하십니까? 좁은 길을 걸어가십시오. 죄와 피 흘리기까지 싸우십시오. 두렵고 떨림으로 구원을 이루어 나가십시오. 구원은 값없이 주시는 하나님의 선물입니다. 그러나 그 구원은 하나님의 목숨과 바꾼 가장 존귀한 선물입니다.

이제 구원을 인치시는 성령님을 선물로 받을 차례입니다. 보혜사 성령님께서 천국에 입성하는 그날까지 동행하시며 구원을 완성시켜 나가실 것입니다. 사랑하는 자녀들과 천국에서 영생하고 싶은 아버지의 열심이 이미 시작되었습니다. 성령님을 통해서 말입니다.

"그 안에서 너희도 진리의 말씀 곧 너희의 구원의 복음을 듣고 그 안에서 또한 믿어 약속의 성령으로 인치심을 받았으니"(엡 1:13)

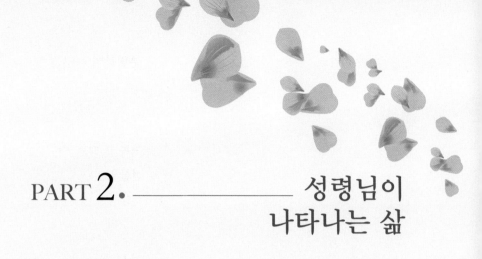

PART 2. ——————— 성령님이 나타나는 삶

"각 사람에게 성령을 나타내심은
유익하게 하려 하심이라"
(고전 12:7)

사랑하는 사람에게는 무엇이든지 다 주고 싶습니다. 내 것과 네 것의 구분이 모호해지고 있다면 진실한 사랑의 단계로 접어든 것입니다. 무엇이든지 다 선물하고 싶어집니다. 생명까지도 주고 싶어집니다.

하나님 아버지도 그러하셨습니다. 독생자 예수님까지 십자가의 고통 속에 내어 놓으실 만큼 자녀를 사랑하셨습니다. 하나님 아버지의 지고한 사랑은 십자가에서 완성되었습니다.

"우리가 아직 죄인 되었을 때에 그리스도께서 우리를 위하여 죽으심으로 하나님께서 우리에 대한 자기의 사랑을 확증하셨느니라"(롬 5:8)

하나님께서는 자녀의 죄를 대속하시기 위해 성육신하셨습니다. 죄 없으신 인간의 모습으로 오셨습니다. 자녀에게 부어질 진노의 잔을 부으시고 하나님께서 죽어 버리셨습니다. 십자가에서 쏟아내신 예수님의 보혈은 하나님 아버지의 보혈이었습니다.

"다 이루었도다. 이제야 잃어버린 내 아들, 내 딸을 찾았도다."

과연 하나님께서 죽기까지 사랑하는 자녀에게 주고 싶으셨던 가장 귀한 선물은 무엇이었을까요? 바로 하나님 자신이었습니다. 하나님의 영이인 성령님이었습니다.

하나님의 선물, 성령세례

그동안 우리는 수없이 기도하며 하나님을 보여 달라고 부르짖었습니다. 하나님의 형상을 알지 못했기에 우상을 숭배하는 죄를 저질렀습니다. 금송아지를 만들어 하나님이라 하며 그 앞에서 춤도 추었습니다.

'어찌 너희는 나를 아직도 모르는 것이냐, 언제까지 하나님을 보여 달라 하느냐.'

하나님께서 통탄하셨습니다. 하나님께서 성육신 하셔서 하나님의 형상을 보여 주셨습니다. 성령으로 잉태하사 육신의 옷을 입고 오신 하나님이 바로 예수님이십니다. 예수의 영이신 성령님은 우리가 예수님을 구주로 영접할 때 우리의 영 안에 내주하십니다. 성령으로 세례를 베푸시며 내주하십니다. 그 이후 성령님과 동행하면서 성령체험과 성령충만을 경험하게 되는 것입니다.

간혹 우리는 성령님에 대해 오해하곤 합니다. 성령님을 형상화하기 위해 애를 씁니다. 때때로 잘못 해석하여 진리의 말씀에서 벗어나기도 합니다. 엄밀히 말하자면 성령님을 형상화하려고 하는 그 자체가 모순일 수 있겠습니다. 형상으로 대면하는 것은 어쩌면 불가능할지도 모릅니다. 성령님은 영으로 존재하시기 때문입니다.

바야흐로 지금은 성령의 시대입니다. 마가다락방의 성령강림의 사건 이후에 예수님을 영접한다면 성령으로 세례를 받는 시대가 열렸습니다. 성령이 내주하심으로 가르치시며 양육하시는 성령의 시대로 접어 들었습니다.

그렇다면 성령세례는 어떻게 받는 것일까요? 40일을 금식하며 노력해서 얻어낼 수 있는 것일까요?

예수님께서 제자들을 모아 놓고 이렇게 말씀하셨습니다.

"예루살렘을 떠나지 말고 내게서 들은 바 아버지께서 약속하신 것을 기다리라 요한은 물로 세례를 베풀었으나 너희는 몇 날이 못 되어 성령으로 세례를 받으리라"(행 1:4-5)

성령으로 세례를 받는다는 것은 사랑하는 자녀에게 약속하신 하나님의 선물입니다. 이 세상에서 받을 수 있는 놀라운 축복입니다. 예수님을 영접하는 그 누구나에게 다 열려 있는 하나님의 은혜입니다.

많은 사람들이 성령세례를 받기 위해서 무엇을 해야 하느냐고 묻습니다. 예수님께서는 성령세례를 받기 위해서 '예루살렘을 떠나지 말고 내 아버지께서 약속하신 선물을 기다리라'고 하셨습니다(행 1:4-5). 예루살렘, 지금으로 말하자면 교회라고 설명드릴 수 있겠습니다. 교회는 성령께서 친히 다스리십니다. 성령님의 보호구역인

셈입니다. 성령께서 운행하시는 공간에 머물 때 성령의 임재를 더 쉽게 경험할 수 있습니다. 드문 경우로 다메섹 도상에서 예수님을 만났던 사도바울처럼 급격한 성령세례를 경험한 경우도 있겠으나 이는 보편적인 사례는 아닙니다.

더불어 예수님께서 제자들에게 '기다리라'고 말씀하셨습니다. 교회를 수십 년을 다녔지만 성령 세례를 받지 못한 성도들이 얼마나 많은지 모릅니다. 설령 내가 지금 성령세례를 체험하지 못했다 할지라도 교회를 떠나서는 안 됩니다. 사모하며 기다려야 합니다. 은혜의 때에 하나님께서 성령세례를 주실 것입니다. 성령세례는 하나님 아버지의 선물이기 때문입니다.

> "사도와 함께 모이사 그들에게 분부하여 이르시되 예루살렘을 떠나지 말고 내게서 들은 바 아버지께서 약속하신 것을 기다리라 요한은 물로 세례를 베풀었으나 너희는 몇 날이 못 되어 성령으로 세례를 받으리라 하셨느니라"(행 1:4-5)

성령세례, 성령내주, 성령충만의 차이와 분별

몇 년 전 집회를 갔는데 어떤 집사님이 이런 질문을 하셨습니다.

"목사님, 다들 성령세례는 꼭 받아야 한다고 말하는데 누가 성령세례를 받을 수 있는 것일까요? 제가 속해 있는 교회에서는 성령세례는 사도행전 시대에 국한된 것이라고 가르치고 있어서요. 과연 누가 성령세례를 받는 것인가요?"

실제로 성령님에 대한 논쟁은 아직도 현재 진행형입니다. 다양한 견해와 주장하는 바도 다릅니다. 사도행전 시대 이후로는 성령세례라는 단어가 성경에 없다고 주장하기도 합니다. 그러나 성경은 성령세례에 대해 분명히 밝히고 있습니다.

"나는 너희에게 물로 세례를 주었거니와 그는 성령으로 너희에게 세례를 주시리라"(막 1:8)

"요한은 물로 세례를 베풀었으나 너희는 몇 날이 못 되어 성령으로 세례를 받으리라"(엡 5:18)

물세례(침례)가 물로 받는 세례라면 성령세례는 성령으로 받는 세례를 의미합니다. 물세례(침례)가 죄씻음을 받고 다시 태어나는 것이라면, 성령세례는 성령으로 거듭나는 것입니다.[8] 성령님에 의해 다시 태어나는 것입니다. 구원의 복음을 듣고 믿음으로 신앙을 고백할 때 성령님이 내주하시며 거듭나게 하시는 것입니다(엡 1:13).

---

8 성령으로 거듭남 : 마귀의 자식이었던 우리가 하나님의 자녀로 다시 태어나는 것을 의미합니다. 요한복음 3장 5절에 '물과 성령으로 나지 아니하면 하나님의 나라에 들어갈 수 없다'라고 기록되어 있습니다. 우리가 성령으로 거듭나야만 하는 이유는 그러할 때 천국에 들어갈 수 있기 때문입니다. 성령이 임하므로 하나님의 자녀가 되는 권세를 받고 구원받아 천국으로 입성할 수 있기 때문입니다.

영적으로 다시 태어나는 것입니다.

어떤 누군가는 성령님이 내주하실 때 강력한 성령세례를 통해 내주하심을 강력하게 느낄 수도 있을 것입니다. 반대로 누군가는 성령께서 세례를 베푸시는지 아닌지 인식하지 못한 채 임재하실 수도 있을 것입니다.

우리는 강력한 성령세례를 사모해야 합니다. 그리할 때 하나님의 살아계심을 확실히 느낄 수 있기 때문입니다. 오순절 마가다락방의 120명의 성도들처럼 말입니다.

> "오순절 날이 이미 이르매 그들이 다같이 한 곳에 모였더니 홀연히 하늘로부터 급하고 강한 바람 같은 소리가 있어 그들이 앉은 온 집에 가득하며 마치 불의 혀처럼 갈라지는 것들이 그들에게 보여 각 사람 위에 하나씩 임하여 있더니 그들이 다 성령의 충만함을 받고 성령이 말하게 하심을 따라 다른 언어들로 말하기를 시작하니라"(행 2:1-4)

최초의 성령강림의 역사적인 순간에 그들은 불같은 성령을 받았습니다. 하나님의 예비된 때에 특별은총 안에서 준비된 사람들이었습니다. 그들이 함께 모여 예수님을 찬양하고 예배할 때 하늘의 문이 열렸습니다. 하나님께서 불의 혀처럼 성령을 쏟아 부으셨습니다. 성령이 내주하시면서 강력한 성령세례를 받았습니다. 방언으로 말하기를 시작했고 성령의 충만함으로 채워졌습니다. 그들은 성령이 말하게 하심에 따라 하나님의 큰일을 말하기 시작했습니다(행 2:11). 마가다락방의 120명의 성도는 성령님께서 성령세례와 함께 내주하셨고 성령충만을 동시에 경험했습니다.

그 놀라운 성령강림의 순간 이후부터 우리가 예수님을 영접한다면 우리의 영 안에 성령님께서 내주하시게 되었습니다. 어제와 오늘 영원히 동일하신 하나님의 은혜 안에서 우리도 성령으로 세례를 받는 시대가 열렸습니다. 바야흐로 성령의 시대로 접어 들었습니다.

그런데 문제는 생각보다 많은 분들이 성령세례(성령내주)와 성령충만에 대해 오해하고 있다는 것입니다. 그 의미를 잘 모르거나 혼동하는 사람들이 의외로 많습니다. 정확한 분별이 쉽지 않기에 대략적으로 이해할 뿐입니다.

그렇다면 성령세례(내주)와 성령충만은 어떻게 다른 것일까요?[9]
성령세례는 마귀의 자식에서 하나님의 자녀로의 신분의 변화를

---

9 성령세례(성령내주)와 성령충만이 어떻게 다른 것일까?
　1) 성령세례는 신분의 변화, 성령충만은 성품의 변화
　2) 성령세례는 성령이 내주하면서 한번 받는 은혜, 성령충만은 계속적으로 부어주시는 은혜
　3) 성령세례는 구원과 직결, 성령충만은 삶과 연관
　4) 성령세례는 예수님을 믿는 자에게 주시는 은혜, 성령충만은 구하는 자에게 더해 주시는 은혜
　5) 성령세례는 성령님과의 동행의 삶의 시작, 성령충만은 통치와 능력적인 삶의 시작

일으키지만 성령충만은 성품의 변화를 일으킵니다.

성령세례는 성령께서 내주하실 때 한 번 받는 은혜이지만 성령충만은 계속적으로 부어주시는 은혜입니다. 그 이후에 성령체험과 충만을 계속적으로 경험하면서 믿음의 돌파가 일어나고 성장되는 것입니다.

성령세례는 성령님이 내주하실 때 일어나는 일이라면 성령충만은 내주하신 성령님의 채움의 정도를 표현한 말입니다.

성령세례가 단회적인 체험이라면 성령충만은 충만과 소진, 채워짐의 원리 안에서 다회적인 체험이 될 수 있습니다.

성령세례는 구원과 직결되지만 성령충만은 삶과 연관되는 것입니다.

성령세례는 예수님을 영접할 때 주시는 은혜이지만 충만은 사모하고 구하는 자에게 더해 주시는 은혜입니다.

성령세례는 하나님과의 동행의 시작이며 성령충만은 능력행함과 통치의 삶의 시작이라는 것입니다.

우리는 본질상 마귀의 자식으로 하나님의 진노를 받고 지옥에 떨어질 인생이었습니다. 그러나 하나님의 은혜로 죄인이었던 우리를 의인으로 칭해 주시면서 하나님의 자녀 삼아 주셨습니다. 성령을 부으시고 양자 삼아 주셨습니다. 마귀의 자식에서 하나님의 자녀가 되는 신분의 변혁이 일어난 것입니다.

하나님께서는 지금도 여전히 성령의 충만함을 부어주시기 위해 신실하게 일하고 계십니다. 성령의 충만함을 부어 주시는 이유는 하나님의 자녀의 삶을 살도록 이끄시기 위함입니다. 삶이 변화되고 인격이 변화되고 하나님의 형상이 드러날 수 있도록 성령을 충만하게 부어주시는 것입니다.

성령세례를 갓 받았을 때에는 우리의 영은 마치 어린아이와 같습니다. 마귀와의 연결고리가 아직 끊어지지 않은 상태로 죄성에 물들어 있습니다. 아무리 성령세례를 받고 새롭게 거듭났다 할지라도 여전히 악한 성품과 습관이 남아 있을 수 있다는 것입니다. 성령께서는 성령의 충만함 속에서 우리의 죄된 성품을 의로운 성품으로 변화시키기 위해 역사하고 계십니다. 마귀의 성품에서 하나님의 성품으로 변화시켜 나가신다는 것입니다.

또한 성령의 충만함이 부어질 때 성령을 통해 하나님이 어떠한 분인지를 깨닫게 됩니다. 하나님의 성품과 인격은 성령의 충만함 안에서 계시되기 때문입니다.

무엇보다도 성령께서 내주하시지 않는다면 구원을 받을 수 없다는 것을 기억해야 합니다. 성령께서 내주하지 않았다면 마귀의 자식으로 살다가 마귀의 본향인 지옥으로 끌려가게 됩니다. 성령님과 동행하며 살다가 성령님의 손을 잡고 천국에 입성하는 것입니다. 성령께서 내주하셨을 때야 비로소 구원을 받을 수 있다는 것입니다.

하나님께서 '술 취하지 말라 이는 방탕한 것이니 오직 성령으로 충만함을 받으라'고 명령하셨습니다(엡 5:18). 오직 성령에 취할 수 있도록 세상의 방탕한 환경 속에서도 스스로를 지켜내야 합니다. 하지만 이것조차도 우리의 능력 밖의 일입니다. 성령이 충만해질 때야 비로소 가능한 일입니다.

성령님은 하나님 그 자체이십니다. 예수님을 믿는 자녀들에게 약속하신 축복입니다. 선물입니다. 구원을 완성시켜 나가는 열쇠입니다. 그러하기에 성령님을 더욱 구해야 합니다. 사모해야 합니다. 하늘 아버지께서 구하는 자들에게 성령을 반드시 부어주실 것입니다.

"너희가 악할지라도 좋은 것을 자식에게 줄 줄 알거든 하물며 너희 하늘 아버지께서 구하는 자에게 성령을 주시지 않겠느냐"(눅 11:13)

성령세례가 부어지는 영적원리

성령께서 우리의 영 안에 내주하기 위해서는 가장 먼저 예수님을 믿어야 합니다. 영접해야 합니다. 예수님을 마음으로 믿고 입으로 시인하는 신앙고백을 해야 합니다(롬 7:9-10).

"주는 그리스도시요, 하나님의 아들이십니다. 나의 죄를 대속하시는 주님이십니다."

이러한 고백이 입술로만이 아니라 심령에서 고백되어져야 합니다. 예수님께서 십자가에 못 박혀 죽으신 이유가 다름 아닌 바로 나 때문이라는 것이 인정되어야 합니다. 내가 죄인인 것이 깊이 깨달아져야 합니다. 자신의 죄를 바라보며 베드로처럼 고백해야 합니다.

"나는 죄인이로소이다. 주여, 나를 떠나소서."

예수님이 나의 죄를 대신하여 죽으셨다는 것이 믿어질 때부터 성령님의 역사는 시작됩니다. 성령을 통해 자신의 죄를 보기 시작합니다. 자신이 얼마나 큰 죄인인지를 깨닫게 됩니다. 성령께서 심령을 강타하시고 죄를 보게 하실 때 하나님의 시선으로 죄를 보게 되는 것입니다. 그때서야 비로소 '주여 내 죄를 어찌해야 되겠습니까'라고 고백하게 됩니다. 이것이 바로 진정한 회개입니다.

우리는 회개라는 말을 참 많이 씁니다. 회개기도도 많이 합니다. 예수님께서 '나는 의인을 부르려고 온 것이 아니라, 죄인을 불러 회개시키려고 왔다'고 말씀하셨을 만큼 회개는 매우 중요합니다(눅 5:32).

많은 사람들이 이렇게 말합니다.

"내가 사기를 쳐! 강도짓을 해! 나 같이 선량한 사람이 어디 있어! 나처럼 양심적인 사람이 어디 있어!"

세상의 법을 기준으로 삼는다면 이런 생각을 가질 수도 있겠습니다. 어떠한 잘못을 저질렀을 때도 '그때 좀 더 신중할 걸'하며 후회하게 됩니다. 세상의 관점에서 자신의 죄를 평가하는 것입니다.

그러나 하나님의 관점에서 죄를 보게 된다면 후회가 아닌 회개에 이르게 됩니다. 다른 사람의 눈을 피할 수는 있겠지만 하나님의 시선을 피할 수는 없기 때문입니다. 성령을 통해 죄를 조명하실 때 그 죄가 적나라하게 드러나기 때문입니다. 공항 탐색대의 엑스레이를 통해 가방 안의 내용물이 훤히 보이는 것처럼 말입니다. 실내 공기가 아무리 깨끗하게 보인다 할지라도 불을 끄고 플래시를 비추면 수많은 먼지들이 보이는 것처럼 말입니다. 겉으로는 경건한 척 위장하고 있을지라도 우리 안에서 마음의 죄들이 꿈틀거리고 있다는 것입니다.

분명한 것은 구원은 회개로부터 시작된다는 것입니다. 회개 없는 구원은 존재하지 않습니다. 회개 없는 성령님의 내주도 없습니다. 죄에 대해 뼈를 깎는 절절한 통회의 과정을 거쳐야 합니다. 사람의 강요가 아닌 성령의 감동으로 그 심령을 찔러 죄에 대해 통회 자복하게 만드는 것이 바로 진정한 회개입니다. 진정한 회개는 자신이 죄인인 것을 깨닫는 순간부터 시작됩니다. 진정한 회개는 성령님으로부터 시작하여 성령님을 통해 완성됩니다.[10]

진정한 회개가 임하게 된다면 하나님으로부터 죄사함의 은혜를 입게 됩니다. 하나님 앞에 완전한 용서를 받게 되는 것입니다. 하나님께서 말씀하셨습니다.

"오라 우리가 서로 변론하자 너희의 죄가 주홍 같을지라도 눈과 같이 희어질 것이요 진홍 같이 붉을지라도 양털 같이 희게 되리라"(사 1:18)

우리가 예수님을 믿을 때 영적세계에서는 놀라운 일들이 일어납니다. 엄청난 변혁이 일어납니다. 비록 우리가 죄인이었으나 의인으로 칭해 주시면서 성령님께서 내주하실 수 있도록 회개의 영을 부어 주십니다. 회개의 영이 부어진다면 자신이 어떠한 죄를 지었는지를 영적으로 분별하게 됩니다. 사람의 눈이 아니요 성령님의 시선으로 죄를 보게 하십니다. 죄가 무엇인지, 의가 무엇인지, 심판이 무엇인지를 깨닫게 하시면서 회개를 이끌어 가시는 것입니다. 회개의 영이 부어져 자신이 죄인이라고 고백하는 순간 주홍 같이 붉은 죄일지라도 눈과 같이 희어지며 죄사함의 은혜가 부어지는 것입니다.

하나님으로부터 죄사함의 은혜가 부어진다면 성령으로 세례를

---

10 회개란 단어는 '변화되다, 돌이키다'는 의미를 가지고 있습니다. 단순히 '미안해' 하는 감정이 아닙니다. 회개란 죄로부터 확실히 돌이켜서 하나님께로 돌아오는 것입니다. 자신의 죄를 하나님의 시선 안에서 조명을 받게 되는 그 시점부터 진정한 회개가 시작되는 것입니다. 우리의 결단과 의지로 회개하는 것은 참으로 어렵습니다. 성령으로부터 회개의 영이 부어질 때야 비로소 진정한 회개가 일어나게 됩니다.

부으시며 우리의 영 안에 성령님께서 내주하시게 됩니다.

하나님께서 '너희는 너희가 하나님의 성전인 것과 하나님의 성령이 너희 안에 계시는 것을 알지 못하느냐'라고 말씀하셨습니다(고전 3:16). 그렇습니다. 우리는 성령님이 내주하시는 성전입니다. 거룩한 교회입니다. 성령세례를 통해 성령님께서 내주하셨다면 고아처럼 내버려두지 아니하시며 동행하십니다. 성령께서 내주하시는 그 순간부터 하나님의 자녀로서 권세를 누리며 살아갈 수 있게 된다는 것입니다.

그런데 문제는 세상이 그리 호락호락하지 않다는 것입니다. 이 세상의 신인 사탄이 하나님의 자녀의 삶을 살도록 내버려 두지 않는다는 것입니다. 성령세례를 통해 하나님의 자녀가 되는 권세를 받았다 할지라도 그 신분을 버리게 하기 위해 총공격을 해온다는 것입니다. 배고파 우는 사자처럼 할퀴며 달려든다는 것입니다. 상황과 환경을 주도하고 쥐락펴락하며 믿음을 잃어버리게 한다는 것입니다. 그 결과 성령님이 근심하시며 소멸되실 수도 있다는 것입니다.

뿐만 아니라 성령세례를 받고 환희와 감격을 느꼈다 할지라도 첫사랑의 감격이 사라지므로 하나님과 동행하는 삶을 거부할 수도 있습니다. 원수 마귀의 공격과 우리의 혼의 감정이 하나님의 자녀의 삶을 훼방하며 공격한다는 것입니다. 성령님이 내주하시지 못하도록 보이지 않는 세계에서는 엄청난 전쟁이 일어나고 있다는 것입니다. 반대로 만약 예수님을 구주로 영접하게 된다면 영적세계에서는 놀라운 변혁이 일어납니다. 진실한 회개로 시작되어 죄사함의 은혜와 함께 성령세례의 선물을 받게 됩니다.

> "베드로가 이르되 너희가 회개하여 각각 예수 그리스도의 이름으로 세례를 받고 죄 사함을 받으라 그리하면 성령의 선물을 받으리니"(행 2:38)

성령 세례후 받게 되는 놀라운 축복

성령세례는 성령 안에 푹 잠기는 것을 의미합니다. 성령께서 임마누엘 하나님으로 우리 안의 성전에 내주하시는 통로를 여는 것입니다(고전 3:16). 성령님과 공동운명체로 동행하는 삶을 살아갈 수 있게 됩니다.

성령세례는 예수님을 진정으로 구주로 영접할 때 일어납니다. 성령세례는 성령님이 내주하실 때 경험할 수 있습니다. 그 이후 성령님과 동행하면서 성령체험과 성령충만을 경험하게 됩니다. 성령충만은 성령님이 내주하신 이후에 여러 번 경험할 수 있습니다. 무엇보다도 성령으로 세례를 받게 되면 놀라운 축복을 받게 됩니다.

> "그 안에서 너희도 진리의 말씀 곧 너희의 구원의 복음을 듣
> 고 그 안에서 또한 믿어 약속의 성령으로 인치심을 받았으니
> 이는 우리 기업의 보증이 되사 그 얻으신 것을 속량하시고
> 그의 영광을 찬송하게 하려 하심이라"(엡 1:13-14)

성령께서 내주하신 이후에 받게 되는 첫 번째 축복은 구원의 인치심과 확증을 받는 것입니다. 아무리 교회를 수십 년을 다닌 모태신앙인이라 할지라고 성령께서 내주하시지 않는다면 구원을 받지 못합니다. 예수님을 영접할 때 성령님이 내주하시고 내주하신 성령께서 구원을 완성시켜 나가십니다.

신앙생활은 결코 취미생활이 될 수 없습니다. 구원받고 천국에 입성하느냐 지옥에 떨어지느냐를 결정하는 우리의 인생에 있어서 가장 큰 모험입니다. 분명한 것은 교회를 다닌다고 성령님이 내주하시는 것은 아니라는 것입니다. 예수님을 인격적으로 영접할 때 성령께서 내주하십니다. 우리가 환영하고 받아들일 때 역사하실 수 있습니다

무엇보다도 내 안에 주인이 성령님이냐, 사탄이냐에 따라 사망 이후에 가는 곳이 천국이냐 지옥이냐로 갈라진다는 것을 기억하셔야 합니다. 우리가 마귀의 자식으로 살아간다면 사망 이후에 가는

곳은 마귀의 본거지인 지옥입니다(벤후 2:4). 반대로 성령님의 통치를 받으며 살아간다면 성령님의 본향인 천국으로 입성할 수 있습니다. 성령께서 내주해 계실 때야 비로소 구원이 완성됩니다.

성령 세례 후 받게 되는 두 번째 축복은 인격의 변화입니다. 성령님은 인격적인 하나님이십니다. 성령님이 내주하시면 우리의 인격도 서서히 변화되기 시작합니다. 성령님은 죄로 인해 깨어진 하나님의 형상을 회복시키시며 우리의 인격과 기질들을 서서히 변화시켜 나가십니다. 죄가 무엇인지, 의가 무엇인지, 심판이 무엇인지를 가르치시며 죄로부터 해방되도록 깨워 나가십니다(요 16:7-8). 이러한 과정 속에서 성령님의 통치가 강해진다면 그 결과로 성령의 열매가 맺혀지게 됩니다.

성령의 9가지 열매는 성령께서 내주하실 때만 맺어질 수 있습니다. 성령님의 인격의 한 형태입니다.[11] 하나님은 사랑이십니다. 화평의 하나님이십니다. 오래 참으시고 자비로우신 하나님이십니다. 쉬지도 먹지도 졸지도 아니하신 채 일하시는 충성의 하나님이십니다. 성령께서 내주하시는 순간부터 하나님의 인격의 열매를 맺게 하기 위해 신실하게 일하십니다. 하나님의 자녀의 형상으로 복원시

---

11 "오직 성령의 열매는 사랑과 희락과 화평과 오래 참음과 자비와 양선과 충성과 온유와 절제니 이같은 것을 금지할 법이 없느니라"(갈 5:22-23)

키기 위해 쉬지 않고 일하시는 것입니다.

성령이 내주하심으로 통치를 받게 된다면 사탄의 성품이 아니라 하나님의 성품이 드러나기 시작합니다. 자신이 변화되고 있음을 자신뿐 아니라 다른 사람도 느끼게 됩니다. 신경질을 밥 먹듯이 내던 사람이 갑자기 온순한 양이 되기도 합니다. 술과 담배, 각종 중독으로 망가졌던 사람도 어느 순간 단번에 중독이 끊어지게 되기도 합니다. 속사람이신 성령님의 능력으로 겉사람의 기질과 인격들이 서서히 변화되는 것입니다. 사탄의 올무와 결박이 풀어지면서 완악함이 선함으로 변화됩니다. 인격이 서서히 변화되기 시작합니다.

세 번째 축복은 하나님의 능력으로 채워진다는 것입니다. 성령이 임하시면 권능을 받게 됩니다. 하늘의 능력이 임하게 됩니다. 기도가 달라지고 설교가 달라집니다. 사역이 확연히 차이가 나게 됩니다. 내가 하는 것이 아니라 성령님께서 하나님의 능력으로 채워 하나님의 일을 행하십니다. 성령께서 가르치시고 기억나게 하시며 인도하시며 깨닫게 하십니다. 심지어 말할 것을 생각나게 하시며 성령이 말하게 하심에 따라 말씀하기도 하십니다(행 2:4). 성령이 임하시면 평범한 사람이 엄청난 일을 하게 됩니다. 하나님의 능력으로 일하기 시작하십니다.

성령께서 오순절 날 마가다락방에서 불로서 임하신 것처럼 우리에게도 강력하게 임하실 것입니다. 만약 지금 성령세례를 경험하지 못했다면 기도하십시오. 하나님께서 약속하신 선물, 성령을 기다리십시오. 성령의 임재를 간절히 사모하며 기다릴 때 성령께서 불처럼 임하실 것입니다. 비둘기처럼, 바람처럼 임하셔서 예수님을 전하는 증인의 삶으로 인도하실 것입니다.

> "이 말씀을 하시고 그들을 향하사 숨을 내쉬며 이르시되 성령을 받으라"(요 20:22)

성령내주시 확실한 증거가 필요한 이유

지금은 꿈을 잘 꾸지 않지만 예전에는 꿈을 참 많이 꾸었습니다. 한 달에도 몇 번씩 악몽에 시달렸습니다. 살아생전 칼로 위협하고 심한 매질을 했던 아버지가 꿈에 나타나는 날이면 여지없이 가위에 눌리곤 했습니다. 아버지는 마치 생시처럼 꿈에서 인정사정없이 때렸습니다. 땀이 흠뻑 젖은 채로 실신하듯 깨어나곤 했습니다. 그 당시 가장 두려워했던 단어는 바로 '아버지'였습니다. 아버지는 공포의 대상이었습니다. 어디선가 아버지라는 말이 들릴 때마다 사시나무 떨듯 몸이 부르르 떨렸습니다. 아버지라는 단어는 내 평생 결코 존재하지 않을 줄 알았습니다. 어릴 적 부부싸움 끝에 아버지가 집 옥상에서 목을 매고 자살한 모습을 보았기 때문이었습니다. 끔찍한 마지막 아버지의 모습이 유언처럼 제 심장에 새겨졌기 때문이었습니다.

그런데 놀라운 것은 예수님을 영접하고 아버지라는 단어를 되뇌이며 기도를 하고 있는 것이었습니다. 심장을 오그라들게 할 만큼 두려워했던 '아버지'를 부르고 있었던 것이었습니다. 아버지라는 단어가 더 이상 두렵지 않았습니다.

성령께서 레마의 말씀을 통해 깨달음을 주셨습니다.

"너희는 다시 무서워하는 종의 영을 받지 아니하고 양자의 영을 받았으므로 우리가 아빠 아버지라고 부르짖느니라"(롬 8:15)

바로 성령님께서 내주하고 계셨기 때문이었습니다. 예전에 저는 두려움의 영의 종속을 받았던 마귀의 자식이었습니다(요 8:44). 그러나 성령이 임하므로 하나님의 자녀가 되었고 당당히 하나님을 아버지라고 부를 수 있게 되었던 것입니다. 신기하게도 그때부터 아버지라는 단어가 세상에서 가장 아름답게 느껴졌습니다.

만약 성령께서 내주하셨다면 여러 가지 증거들이 나타날 것입니다. 내적, 외적 증거들이 있을 것입니다. 저의 경우처럼 하나님을 아버지라고 부르며 천국을 더 사모하게 될지도 모르겠습니다. 구원의 확신을 가지게 되었을지도 모릅니다.

또 누군가는 성령께서 불같이 임하시므로 오순절 마가다락방의 120명의 성도처럼 방언이 임했을지도 모릅니다. 누군가는 비둘기처럼 바람처럼 성령이 임하심으로 평안이라는 선물을 주셨을지도 모릅니다. 성경의 모든 말씀이 믿어지는 믿음과 하나님을 불같이 사랑하게 되는 마음을 받게 되었을지도 모릅니다. 각자의 상황과 환경에 맞춰 성령께서 세례를 주신 흔적을 기억하고 계실 것입니다.

감사한 것은 성령께서 내주하셔서 영적인 변혁을 이루어 나가신다는 것입니다. 하지만 보이지 않기에 성령님의 내주와 세례의 증거들을 깨닫지 못한다는 것입니다.

만약 성령께서 불같이 강하게 임하셨다면 성령님을 인식하며 인정하게 될 것입니다. 회심 전 사도 바울처럼 강하게 내주하셨다면 믿음도 상대적으로 커질 것입니다. 그런데 문제는 성령님의 내주 여부를 잘 분별하지 못하는 사람들이 훨씬 더 많다는 것입니다. 많은 이들이 성령의 내주와 성령세례의 증거들이 불분명하기에 확신하지 못한다는 것입니다. 그렇기 때문에 성령께서 내주하실 때 성령세례의 증거들이 강력하다면 그 만큼 믿음으로 승화되기가 쉽다는 것입니다.

성령세례와 성령님의 내주하심의 확신이 있다는 것은 놀라운 축복입니다. 저의 경우처럼 '하나님 아버지'라고 부를 때마다 성령님의 내주를 확신하는 것처럼 말입니다. 아무리 어렵고 힘든 상황 속에서도 '하나님이 나와 함께 하신다'는 믿음이 있기에 견뎌낼 수 있게 됩니다. 보혜사 성령님을 의지하게 되므로 믿음의 성장이 일어납니다.

생각보다 많은 이들이 성령님이 동행하고 계시다는 확신이 없습니다. 확신이 없다면 믿음의 돌파도 쉽지 않습니다. 그런 연유로 성령의 내주시에 확실한 증거가 필요합니다. 믿음성장과 영적변혁을 위한 디딤돌이 될 수 있기 때문입니다.

회심 전 사도 바울은 성령이 그에게 내주했을 당시에 성령세례의 증거들이 있었습니다.

어느 날, 그리스도인들을 잡아 가두기 위해 그는 다메섹 가까이에 가고 있었습니다. 그때 갑자기 하늘로부터 밝은 빛이 그를 둘러비췄습니다. 그 빛으로 땅에 꼬꾸라졌습니다. 그때 어떠한 음성이 뚜렷이 들렸습니다.

"사울아! 사울아! 네가 어찌하여 나를 박해하느냐!"(행 9:4)

"주여! 누구시이니까?"(행 9:5)

"나는 네가 박해하는 예수라."(행 9:5)

예수님께서는 그리스도인들을 핍박하는 사울에게 친히 찾아가셔서 스스로를 계시하셨습니다. 무한한 사랑을 보여 주셨습니다.

사울은 예수님을 영접했고 그 순간 성령이 내주하셨습니다. 그 순간 이후부터 그는 성령을 통해 예수님의 실체를 보게 되었습니다. 그는 육의 눈으로 예수님을 본 것이 아니었습니다. 육의 눈은 빛으로 멀어 있었습니다. 성령께서 열어주신 영의 눈을 통해 예수님의 실존을 경험했습니다. 그는 그렇게 성령의 세례를 받고 성령이 내주하시게 되었습니다. 강력한 성령세례를 경험했기에 결코 그 믿음이 흔들리지 않았습니다. 하나님의 살아계심의 증거가 심장에 새겨졌기 때문이었습니다.

오순절 날 마가다락방에서 성령의 불을 체험한 120명의 성도 역시도 믿음이 흔들리지 않았습니다. 성령이 임하므로 성령의 불을 받고 방언을 말했습니다. 성령 내주시에 강력한 증거들이 있었기에 믿음을 지켜 나갈 수 있었습니다. 성령님을 체험했기에 하나님의 실존을 부정하지 않았습니다. 설령 고난과 환란과 유혹과 사탄의 공격이 있을지라도 굳건히 서 있을 수 있었습니다. 성령세례의 증거들이 강력한 엔진이 되어 믿음의 돌파를 이루어 나갈 수 있다는 것입니다.

그러나 반대로 성령이 내주하실 때에는 성령세례의 증거들이 강력하지 않을 수도 있습니다. 스스로도 성령께서 내주하셨는지, 성령세례를 받았는지에 대해 불확실하게 느껴질 수 있다는 것입니다. 사실 이러한 경우 믿음이 성장하기가 쉽지 않습니다. 오랫동안 신앙생활을 했다 할지라도 성령세례를 경험하지 못했다면 쉽게 무너지게 됩니다. 믿음의 성장과 돌파를 위해 반드시 강력한 성령세례와 체험들은 필요합니다.

우리는 지금 불같은 성령을 구해야 합니다. 사모해야 합니다. 오순절 마가다락방의 120명의 성도처럼 부르짖고 기도해야 합니다.

"하나님! 나에게도 불같은 성령을 부어 주옵소서! 성령의 강한 능력을 부어주옵소서!"

성령님을 환영하십시오. 성령님을 인정하십시오.

강력한 성령님의 능력과 역사하심을 경험하게 될 것입니다.

"마치 불의 혀처럼 갈라지는 것들이 그들에게 보여 각 사람 위에 하나씩 임하여 있더니 그들이 다 성령의 충만함을 받고 성령이 말하게 하심을 따라 다른 언어들로 말하기를 시작하니라"(행 2:3-4)

성령이 충만해질 때 나타나는 현상들

성령이 충만하다는 의미는 무엇일까요?

성령 충만시에 나타날 수 있는 현상은 어떤 것이 있을까요?[12]

성령님께서 머리부터 발끝까지 온전히 통치하는 상태를 성령 충만한 상태라고 말할 수 있겠습니다. 성령의 충만함이 있을 때 하나님의 임재 가운데 머물게 되는 것입니다. 성령충만을 채워주시고자 하는 이유는 우리를 온전히 통치하기 위해서입니다.

문제는 성령님은 영이시며 우리는 혼과 육으로 덧입혀진 존재이기에 쉽지 않다는 것입니다. 그렇기 때문에 성령께서 강하게 임재하실 때 우리의 혼적인 생각과 육체가 충돌하므로 여러 가지 현상들이 나타날 수 있습니다. 이 경우 사람의 기질과 성품에 따라 성령 충만의 현상도 각기 다르게 나타날 수 있습니다.

예를 들어 불기둥 같은 것이 들어오는 것을 느낄 수도 있을 것입니다(행 2:3). 온 몸이 진동하며 강한 충격으로 뒤로 넘어질 수도 있을 것입니다. 강한 성령의 임재로 통곡하기도 할 것입니다. 때로는 부드러운 느낌으로 무엇인가에 휩싸인 듯 평온함을 느꼈을 수도 있었을 것입니다. 예수님의 경우 성령으로 세례 받으실 때 비둘기의 형상으로 부드럽게 성령께서 임하셨습니다(마 3:16).

---

12 성령님으로 채워질 때 나타나는 현상과 열매들
  1) 방언을 말함 (행 2:4)
  2) 예언을 말함 (눅 1:67)
  3) 복음을 담대히 전함 (행 4:31)
  4) 희락과 평강과 소망이 생김 (롬 15:13)
  5) 많은 영혼을 살리는 구원의 통로가 됨 (행 11:24)

그렇다고 성령의 충만함을 입을 때에만 육체적 사인이 동반되는 것은 아닙니다. 거듭날 때에도 육체적 사인이 나타날 수 있습니다. 감격과 감사, 눈물과 통곡이 수반될 수 있습니다. 특별히 다메섹 도상에서 예수님을 만난 사도 바울과 같이 급진적 거듭남을 경험할 경우 강한 육체적 사인이 동반될 수 있습니다(행 9:3-9).

반면 점진적인 거듭남을 경험할 경우 성령의 내주하심이 육체 가운데 느껴지지 않을 수도 있을 것입니다. 기억하셔야 할 것은 거듭남의 경험은 구원과 관련이 있다는 것입니다. 반면 성령의 충만함은 사역적인 측면에서 두드러지게 나타날 수 있습니다. 거듭남의 경험은 주로 우리의 영의 영역에서 일어나는 일입니다. 하지만 성령의 충만함은 우리의 영혼육 전반적인 부분에서 현상이 나타날 수도 있습니다. 이렇듯 거듭남과 성령의 충만함에서 비롯되는 육체적인 사인은 다소 차이가 있을 수 있습니다.

> **"홀연히 하늘로부터 급하고 강한 바람 같은 소리가 있어 저희 앉은 온 집에 가득하며 불의 혀 같이 갈라지는 것이 저희에게 보여 각 사람 위에 임하여 있더니 저희가 다 성령의 충만함을 받고 성령이 말하게 하심을 따라 다른 방언으로 말하기를 시작하니라"(행 2:2-4, 개역)**

오순절 날 마가다락방에 모여 있던 120명의 성도가 바로 영혼육의 전반적인 영역에서 성령의 충만함을 경험했던 사람들이었습니다. 120명의 성도들은 성령의 충만함의 증거로 방언이 나타났습니다(행 2:4). 성령의 충만함으로 인해 그들의 입술이 성령의 언어를 말할 수 있는 통로를 연 것입니다. 성령의 충만함을 입었을 때 방언이 쉽게 나타나는 이유는 머리부터 발끝까지 성령의 통치함을 입기 때문입니다.[13] 성령께서 그들의 입을 통치하시며 주장하시는 것입니다. 강력한 성령의 충만함을 입을 때 방언뿐만 아니라 회복과 치유도 함께 일어날 수 있습니다.

만약 악한 영의 올무나 묶임이 있었다면 악한 영이 견디지 못하고 떠나가게 됩니다. 악한 영이 질병을 잡고 있었다면 질병이 치유될 수 있습니다. 악한 영이 상처를 잡고 있었다면 상처가 회복될 수 있습니다. 우리의 삶을 피폐하게 만들었던 중독이 단번에 끊어질 수도 있습니다. 성령이 강하게 임하심에 따라 술, 담배, 마약, 음란의 중독에서 단번에 자유해질 수 있습니다. 성령께서 충만하게 임하실 때 복음의 빛이 어둠을 조명함으로 인해 악한 영들이 쫓겨 나

---

13 특별히 성령이 충만할 때 방언을 선물로 주시는 이유는 하나님과의 소통을 위해서입니다. 세상에서의 주된 소통의 도구는 바로 언어입니다. 언어적 교감이 이루어지지 않는다면 친밀한 관계로 진전되기는 어려울 것입니다. 하나님과의 관계도 마찬가지입니다. 하나님과 친밀한 관계로 진전되기 위해서는 언어적 교감이 반드시 일어나야 합니다. 하나님의 언어와 우리의 언어가 하나로 통일될 때 비로소 친밀한 관계로 진전될 수 있다는 것입니다. 방언은 성령이 말하게 하심에 따라 우리의 영이 하나님께 비밀을 말하는 기도의 도구로서 하나님과 소통할 수 있는 영의 언어입니다(고전 14:2). 하나님께서 사랑하는 자녀인 우리와 언어적 교감을 이루기 위해 주시는 아버지의 선물인 것입니다. 하나님께서는 일방적으로 말씀하시는 분이 아니십니다. 우리와 인격적으로 소통하며 아버지의 마음을 자녀에게 보여 주시기를 원하시는 것입니다.

가며 모든 더러운 문제들이 해결되는 것입니다.

하나님 아버지의 소원은 우리를 하나님의 영으로 온전히 채워주시는 것입니다. 성령으로 충만하게 채우셔서 아버지의 마음을 풀어놓으시는 것입니다. 자녀를 바라보시며 탄식하시는 아버지의 눈물을 보여 주시는 것입니다. 아버지의 탄식과 눈물을 본 자녀들이 불신자를 향해 아버지의 사랑을 흘러보내는 것, 그리하여 잃어버린 영혼들이 하나님께 돌아오는 것, 이것이 바로 하나님 아버지의 애타는 소원입니다.

오늘도 하나님 아버지의 탄식이 들려오는 듯 합니다.

"잃어버린 양에게 아버지의 사랑을 전할 자가 어디 있느냐, 아버지의 눈물을 전할 자가 어디 있느냐, 복음을 전할 자가 어디 있느냐, 내가 찾다가 찾지 못했노라."

"빌기를 다하매 모인 곳이 진동하더니 무리가 다 성령이 충만하여 담대히 하나님의 말씀을 전하니라"(행 4:31)

성령의 충만함을 받는 방법

우리를 향하신 하나님의 소원은 무엇일까요? 지금 우리에게 요구하고 계시는 것은 무엇일까요? 아마도 여러 가지가 있을 것입니다. 그러나 모든 것을 열 수 있는 열쇠는 단 한가지뿐입니다.

"성령을 받으라! 오직 성령으로 충만함을 받으라!"(엡 5:18)

오직 하나님만으로 채우는 것이 하나님의 소원입니다. 아버지의 최고의 기쁨입니다. 사실 그 누가 성령으로 충만하고 싶지 않겠습니까? 그 누구보다도 하나님의 종이라면 성령으로 충만히 채우기를 더욱 소망할 것입니다. 하나님을 사랑하는 만큼 갈망할 것입니다.

예수님께서도 성령의 충만함을 구하셨습니다. 하나님의 통치를 끌어내리기 위해 성령의 충만함을 구하고 또 구하셨습니다. 사역을 마치신 이후에도 한적한 곳에서 기도하시며 성령으로 더욱 채우셨습니다. 베드로도 사도 바울도 성령을 받으라고 외쳤습니다. 무수히 많은 제자들도 성령의 충만함을 사모했습니다.

성령으로 충만할 때 하나님의 마음을 알게 됩니다. 하나님의 사랑이 부어지고 성령께서 모든 것을 깨닫게 하시며 알려 주십니다.

성령이 충만해지면 하나님의 생각이 우리의 생각이 됩니다. 하나님의 마음이 우리 마음에 부어집니다. 성령께서 우리의 영혼육의 전반을 덮고 계시기에 하나님을 느끼게 됩니다. 더 깊은 영역에서 경험할 수 있게 됩니다. 하나님의 능력으로 덮어져 감당치 못할 것이 없게 됩니다.

성령으로 충만해지는 것은 놀라운 은혜입니다. 강권적인 사랑입니다. 하나님의 일하심의 증거입니다. 성령의 충만함을 부어주시는 주체가 바로 하나님이시기 때문입니다.

그렇다면 성령의 충만함을 받기 위해서 어떻게 해야 할까요? 어떠한 조건이 충족되어야 할까요?[14]

"성령으로 충만하라! 성령으로 충만해질지어다!"

이렇게 선포하면 충만해지는 것일까요? 물론 그럴 수도 있겠습니다. 혀의 권세가 있다면 명령한 그대로 이루어질 것입니다. 믿음대로 성취될 것입니다. 하지만 이러한 경우는 흔치 않습니다. 혀의 권세를 가진 사람들이 생각보다 많지 않기 때문입니다. 성령의 충

---

[14] 성령충만을 받는 방법과 유지하는 비결
　　1) 성령님이 내주하셔야 함 (고전 3:16)
　　2) 회개하는 삶을 살아야 함 (행 2:38)
　　3) 성령을 구하고 갈망할 때 채워짐 (눅 11:13)
　　4) 복음을 전하는 사명을 감당해야 함 (행 1:8)
　　5) 성령의 열매가 맺혀졌느냐에 따라 충만함을 채우는 정도가 달라짐 (갈 5:22-23)
　　6) 하나님께 사랑을 고백을 드릴 때 충만함이 채워짐 (요일 4:7-8)
　　7) 거룩과 경건의 삶을 살아야 함 (딤전 4:5)

만함을 받을 수 있는 그릇과 조건을 갖추지 못했다면 설령 붓는다 할지라도 채워지지 못할 것입니다. 새로운 부대에 새 술을 담아야 합니다. 낡고 구멍 난 그릇에 부어지게 된다면 자칫 어디론가 흘러나가 충만하게 채우지 못할 것입니다. 무엇보다도 우리가 성령의 충만함을 받을 수 있는 합당한 그릇이 되는지 살펴보아야 합니다. 조건을 갖추었는지 점검해 보아야 합니다.

지금부터는 성령의 충만함을 받고 유지하기 위한 조건은 무엇이 있는지 살펴보고자 합니다.

성령의 충만함을 받을 수 있는 첫 번째 조건은 성령님이 내주하셔야 합니다. 성령님이 내주하신 상태로 그분의 뜻에 따라 충만함을 채워 주실 수 있다는 것입니다. 물론 외부적으로 성령의 충만함을 채우시고 급격한 거듭남을 경험하게 하실 수도 있습니다. 회심 전 사도 바울처럼 말입니다. 그러나 이는 흔한 경우가 아닙니다. 보통의 경우 내주하신 성령의 이끄심에 따라 충만함을 채우게 됩니다. 외부적으로 부어주시는 성령의 충만함은 다소 한계가 있습니다. 어느 순간 충만함이 사라질 수가 있다는 것입니다. 우리의 영안에 내주하신 성령께서 친히 이끄시며 주도하실 때 계속적으로 유지할 수 있게 된다는 것입니다.

둘째, 성령의 충만함을 받기 위해서는 회개의 삶을 살아야 합니다. 성령께서 내주하실 때의 조건도 회개입니다. 성령께서 내주하실 때 죄가 무엇인지 의가 무엇인지 심판이 무엇인지를 깨닫게 하십니다. 회개의 영이 부어진다면 자신의 죄를 보며 통곡하게 됩니다. 우리의 죄가 보이며 인식하게 됩니다. 자신이 얼마나 극악무도한 죄인이며 예수님의 대속의 은혜 없이는 지옥으로 떨어질 인생이라는 것을 깨닫게 됩니다. 자신의 죄 앞에 자복하고 통회하여 죄와 분리되는 것이 진정한 회개의 능력입니다.

성령의 충만함을 받고 유지하기 위해서는 회개의 삶을 지속적으로 살아내야 합니다. 죄와 분리되어 나갈 때 성령께서 근심하지 않으시고 통치하실 수 있기 때문입니다.

셋째, 하나님을 갈망할 때 충만히 부어질 수 있습니다. 사모할 때 머리부터 발끝까지 성령으로 채우시고 우리의 영의 갈망을 채워 주십니다. 우리의 기도를 들으시고 성령께서 감싸며 충만하게 채워 주시는 것입니다. 성령으로 충만한 사람은 하나님을 갈망합니다. 하나님께 순복합니다. 하나님을 경외하며 무릎을 꿇어 버립니다. 오직 하나님만이 전부라고 고백합니다. 이러한 신앙고백이 바로 성령의 충만함을 채울 수 있는 조건입니다.

넷째, 복음을 전하는 사명을 감당해야 합니다.
예수님께서 십자가에서 죽으시고 부활하셔서 아름다운 유언을 남겨 놓으셨습니다.

"요한은 물로 세례를 베풀었으나 너희는 몇 날이 못 되어 성령으로 세례를 받으리라"(행 1:5)

가슴이 시리도록 예수님께서 부탁하시고 또 부탁하셨습니다.

"오직 성령이 임하시면 너희가 권능을 받고 땅 끝까지 이르러 내 증인이 되리라!"(행 1:8)

왜 성령으로 세례를 받으라 하셨을까요? 왜 성령의 충만함을 부어 주고자 하셨을까요? 바로 복음을 전하기 위해서입니다. 하나님의 마음과 뜻을 투영시켜 흘려보내기 위해서입니다. '내 증인이 되라'는 유언을 지킬 수 있도록 하나님의 영을 부으시는 것입니다. 하나님 자신이신 성령을 쏟아 부어 주시는 것입니다.

우리가 복음을 전할 때 성령이 충만하게 채워질 수 있다는 것을 기억해야 합니다. 복음은 우리의 의지로 전할 수 있는 것이 아니기 때문입니다. 성령께서 하시는 일이기 때문입니다. 성령의 의지 가운데 행할 수 있는 순종이기 때문입니다.

성령이 충만하다면 베드로처럼 '주는 그리스도시요, 살아계신 하나님의 아들이십니다'라고 외칠 수밖에 없습니다. 사도 바울처럼 복음을 위해 죽을 수도 있습니다. 복음을 전하지 아니하고서는 견딜 수가 없게 됩니다. 성령께서 그들의 영 안에서 복음을 외치는 순종을 요구하시기 때문입니다.

이러한 연단과 훈련 속에서 겉사람의 기질이 서서히 복종되어 나갑니다. 그 결과로 성령이 더욱 충만해질 수 있다는 것입니다. 성령께서 겉사람의 기질을 쳐서 복종시키는 순종을 도와주심으로 속사람이 강건해지기 시작합니다. 속사람이 겉사람[15]을 복종시키며 속사람이 원하시는 대로 인도함을 받기 위해 성령의 충만함을 구해야 합니다.

그런데 문제는 복음을 전할 때 성령의 충만함이 소진될 수도 있다는 것입니다. 그러하기에 계속적으로 성령의 충만함을 채워 나가야 합니다. 성령이 충만해진다면 우리의 영이 활성화되어 더 많은 충만함을 담을 수 있게 됩니다. 성령의 충만함을 담을 수 있는 그릇이 점점 더 커지는 것입니다.

다섯째, 성령의 열매가 맺혀졌느냐에 따라 충만함을 채우는 정도가 달라질 수 있습니다. 쉽게 설명하자면 성품의 그릇이 중요하다는 것입니다. 우리는 누군가 성령이 충만한지 아닌지에 대해 능력이 나타나는 것으로 판단합니다. 귀신을 쫓아내고 치유의 기적을 일으킬 때 성령이 충만한 사람이라고 생각합니다. 물론 성령이 충만하여 이적과 표적을 일으킬 수도 있습니다. 하지만 섣불리 드러

---

15 속사람과 겉사람의 영적전쟁에 대해서는 Part 3 성령님과 동행하는 삶에서 더욱 상세히 다루어집니다.

나는 능력을 보며 충만함의 여부를 판단하는 것은 위험합니다. 불법을 행하는 사람에게도 귀신을 쫓고 예언을 하는 능력이 나타날 수도 있기 때문입니다(마 7:21-23). 사탄의 종노릇 하는 자들에게도 표적이 나타날 수 있기 때문입니다.

성령이 충만한지 아닌지에 대한 분별은 성령의 열매가 얼마나 맺혀 있느냐로 분별하는 것이 가장 정확합니다. 성령의 열매에 대해서는 갈라디아서 5장 22절과 23절에 상세히 기록해 놓으셨습니다. 성령의 9가지 열매인 사랑, 희락, 화평, 오래 참음, 자비, 양선, 충성, 온유, 절제는 하나님의 성품입니다. 우리는 하나님의 형상대로 빚어진 하나님의 자녀입니다. 하나님의 자녀라면 아버지의 성품을 닮는 것이 합당하지 않겠습니까? 문제는 성령으로 충만하지 않다면 하나님을 느낄 수가 없다는 것입니다. 인격적인 하나님도 체험하기가 어렵다는 것입니다. 하나님은 영으로 존재하시기 때문입니다. 눈에 보이지 않기 때문입니다.

그런데 신기하게도 성령으로 충만할 때에는 마치 얼굴과 얼굴을 대면하는 것처럼 하나님을 느낄 수가 있게 됩니다. 하나님의 뜻과 마음이 풀어져 내 영 안으로 흘러오게 됩니다. 지금 슬퍼하시는지 기뻐하시는지 분노하고 계시는지 성령을 통해 깨닫게 됩니다. 하나님의 탄식도 들려옵니다. 우리가 하나님의 성령 안에서 헤엄치고 있기 때문입니다.

하나님을 인격적으로 경험하게 된다면 자연스럽게 성령의 열매가 맺혀지게 됩니다. 하나님의 속성과 성품을 알게 되므로 자신도 모르는 사이에 아버지의 인격을 배워갑니다. 성화되어 나갑니다. 아버지를 닮아가는 것입니다. 이러한 여정 속에서 어느덧 하나님의 인격과 성품이 드러나는 것입니다.

성령의 열매가 맺혀지기 시작할 때부터는 성령의 충만함을 계속적으로 부어주십니다. 왜 그럴까요? 불안하지 않으시기 때문입니다. 하나님의 성품을 닮은 자녀로 거듭났기 때문입니다. 성화된 그릇으로 빚어졌기 때문입니다. 그렇게 준비된 그릇에 성령을 채우시고 충만하게 채워나가시는 것입니다.

여섯째, 성령의 충만함을 받는 열쇠는 하나님께 사랑의 고백을 드리는 것입니다. 하나님을 향한 사랑을 고백하는 것입니다. 하나님을 향한 사랑의 고백을 올릴 때마다 하나님의 사랑으로 채워지게 됩니다. 아침에 눈을 뜨자마자 저는 하나님께 묻곤 합니다.

"하나님, 저 사랑하세요? 얼마나 사랑하세요?"

하나님의 음성이 들리든 들리지 않든 하나님의 사랑을 확신하며 고백 드립니다.

"그 누구보다도 하나님을 사랑합니다. 오직 하나님만이 전부입니다. 제가 살아가는 이유입니다."

하나님의 사랑을 갈망하며 고백할 때 성령이 충만해 집니다. 더불어 그 사랑을 이웃에게 전할 때마다 하나님의 사랑으로 채워집니다. 성령으로 충만해 집니다. 하나님은 사랑이시기 때문입니다. 하나님의 영이 온통 사랑으로 가득 차 있기 때문입니다.

마지막으로 성령의 충만함을 받기 위해서는 거룩과 경건의 삶을 살아야 합니다. 하나님께서 '내가 거룩하니 너희도 거룩하라'고 말씀하셨습니다. 거룩함은 하나님의 명령입니다. 그런데 거룩하기 위해서는 어떻게 해야 할까요? '거룩! 거룩!' 외칠 때 거룩해지는 것일까요? 감사하게도 하나님께서 거룩해질 수 있는 방법에 대해 말씀해 주셨습니다.

"하나님의 말씀과 기도로 거룩하여 짐이라"(딤전 4:5)

많은 이들이 말씀을 읽습니다. 기도합니다. 거룩해지기 위해 몸부림칩니다. 그럼에도 어느 순간 무너져 내리는 것을 경험하게 됩니다. 그때마다 포기하게 됩니다. 왜 그럴까요? 말씀과 기도로 거룩하여진다는 의미를 단순히 말씀을 읽는 것으로만 국한하여 생각하기 때문입니다. 기도만 하면 된다고 여기기 때문입니다.

하나님께서는 말씀대로 사는 삶을 요구하고 계십니다. 말씀대로 살아보라고 명령하시는 것입니다. 마치 여호수아에게 '이 율법책을 네 입에서 떠나지 말게 하며 그 안에 기록된 대로 다 지켜 행하라'고 명령하셨던 것처럼 말입니다(수 1:8). 우리는 성경말씀을 많이 안다고 해서 거룩해질 수 없음을 경험을 통해 알고 있습니다. 말씀이 푯대가 되어 삶으로 살아낼 때 능력으로 나타난다는 것을 알고 있습니다.

거룩은 구별됨을 의미합니다. 세상과 구별되고자 몸부림칠 때 나타나는 모습이 바로 경건입니다. 거룩과 경건은 뗄레야 뗄 수 없는 불가분의 관계라는 것입니다.

우리가 말씀과 기도를 붙잡고 복종시켜 나갈 때 경건의 삶이 시작될 수 있습니다. 삶이 단순해질수록 성령님의 역사하심이 강해집니다. 경건의 삶 속에서 내 생각이 비워지고 하나님의 것으로 채워지게 됩니다. 그렇게 복종되어진 통로를 통해 하나님의 영을 쏟아 부어 주시는 것입니다. 우리의 통로가 거룩해질 때 성령을 부으시며 역사하실 수 있다는 것입니다. 살아내고자 하는 결단과 순종의 삶이 바로 성령의 충만함을 받을 수 있는 그릇이라는 것입니다.

오늘도 기도합니다. 기도의 자리에서 부르짖습니다. 천국에 입성하는 그날까지 이 기도는 멈추지 않을 것입니다.

"하나님 아버지시여, 예수님의 거룩하신 보혈로 덮어 주시고 제 안의 모든 것이 비워지게 하소서. 머리부터 발끝까지 오직 성령으로 채워 주소서. 성령으로 충만하게 채워 주소서."

"술 취하지 말라 이는 방탕한 것이니 오직 성령으로 충만함을 받으라"(엡 5:18)

성령의 충만함을 받지 못하는 이유

하나님께서 사랑하는 자녀에게 약속해 주셨습니다.

"너희가 악할지라도 좋은 것을 자식에게 줄 줄 알거든 하물며 너희 하늘 아버지께서 구하는 자에게 성령을 주시지 않겠느냐"(눅 11:13)

하나님은 또 명령하셨습니다.

"오직 성령으로 충만함을 받으라!"(엡 5:18)

성령 충만은 하나님이 우리 안에 가득 채워짐을 의미합니다. 하나님의 사랑을 자녀에게 가득 채워주시기 위한 하늘 아버지의 처절한 몸부림입니다. 성령충만은 하나님께서 자녀에게 가장 주시고 싶으신 선물입니다. 그런 연유로 성령이 충만해 질 때 하나님의 눈물과 사랑을 그토록 절절하게 느낄 수 있는 것입니다. 문제는 생각보다 성령충만을 경험하지 못하고 있다는 것입니다.

도대체 왜 이토록 쉽게 채워지지 않는 것일까요? 왜 이토록 성령충만이 쉽게 소진되어 버리는 것일까요? 아마도 그 이유는 수천 개가 더 넘게 존재할 것입니다. 하나님께서 한 사람도 똑같이 창조하지 않으셨기 때문입니다. 일란성 쌍둥이라 할지라도 세포 하나하나에 수를 놓듯이 다르게 빚으셨기 때문입니다. 그 수많은 이유 가운데 몇 가지 공통적인 이유에 대해 나누고자 합니다.

첫째 우리가 성령의 충만함을 구하지 않기 때문입니다. 성령충만은 구하고 찾고 두드릴 때 부어질 수 있습니다. 무엇보다도 성령충만을 받고자 하는 목적과 동기가 올바른지 묵상해 보아야 합니다. 만약 능력을 받기 위한 수단으로 구하고 있다면 하나님께서 기뻐하시지 않으십니다. 행여 능력을 받아 자기 영광과 의를 드러내는 불법의 종이 될까봐 부어주지 않으실 때도 있습니다. 성령충만은 모든 자녀에게 주고 싶은 선물이지만 동기가 불순하다면 충만을 받을 수 없다는 것입니다. 정욕으로 쓸까봐 응답해 주시지 않으실 수도 있다는 것입니다.

둘째, 회개한 대로 삶을 살아내지 못하고 있기 때문입니다. 아직도 죄를 짓고 있기 때문입니다. 설령 회개했다 할지라도 그 죄를 완전히 끊어내지 못한다면 성령충만이 부어지기가 어렵습니다. 성령의 충만함과 죄와는 상존하기가 어렵습니다. 죄가 있는 곳에 성령께서 머무르실 수 없고 근심하십니다. 결국 소멸되십니다(살전 5:19). 막연한 태도로 죄를 고백하거나 여전히 죄 속에 머무르고 있다면 충만함이 잘 채워지지 않습니다. 그 누구보다도 하나님께서 우리가 회개한 대로 살아가고 있는지 아닌지 더 잘 알고 계십니다. 죄가 없는 곳에 성령이 강하게 역사하시는 것처럼 죄가 청산될 때 성령충만을 채워주실 수 있다는 것입니다.

셋째, 거룩하고 경건한 삶을 살아내지 못하고 있기 때문입니다. 앞서 설명했듯이 거룩과 경건한 삶은 성령충만에 있어 핵심조건입니다. 물론 금식하며 능력 달라고 부르짖고 기도하면 성령충만이 부어질 수도 있습니다. 그로 인해 성령의 은사가 임할 수도 있습니다. 마치 핸드폰 배터리가 급속으로 충전되듯 성령의 충만함을 경험할 수 있습니다. 하지만 계속 유지할 수가 없다는 것입니다. 방전 신호가 올 때마다 핸드폰을 다시 연결해야 하는 것처럼 말입니다.

성령충만을 계속적으로 충전받기 위해서는 하나님과 연결되어 있어야 합니다. 하나님과 주파수가 맞춰져 있어야 합니다. 결국 삶으로 살아내야 한다는 결론입니다. 삶으로 살아내지 아니하고서는 거룩한 성령님을 내 안에 모실 수 없기 때문입니다. 경건한 삶으로 가꾸어져 있지 않다면 성령님께서 근심하시고 소멸되실 수도 있기 때문입니다.

무엇보다도 거룩의 통로를 만들기 위해 말씀과 기도를 붙잡아야 합니다(딤전 4:5). 말씀과 기도를 붙잡고 씨름할 때부터 경건한 삶으로 돌입할 수 있습니다. 성령충만한 사람은 결코 말씀과 삶이 분리되지 않습니다. 말씀대로 살아내는 사람입니다. 삶 자체가 정화되기 시작한다면 그때부터 성령충만은 계속적으로 부어지게 됩니다. 삶으로 살아내는 자녀에게 충만히 채우시고 종국에는 하나님의 놀라운 인성과 신성을 드러내신다는 것입니다.

만약 현재 성령충만을 경험하지 못하고 있다면 겸허한 자세로 자신의 삶을 먼저 돌아보아야 합니다. 문제의 근원은 하나님께 있지 않습니다. 바로 내 자신에게 있습니다.

넷째, 하나님의 말씀에 불순종하고 있기 때문입니다. 교만한 마음이 있기 때문입니다. 더불어 사탄의 음성을 따라가고 있기 때문입니다. 불순종의 근원을 살펴보면 결국 교만한 마음으로 집결됩니다.

"하나님 없이도 할 수 있어!"

"하나님의 말씀에 순종하며 사는 것은 너무 피곤한 일이야! 이제 내 맘대로 할 거야!"

하나님을 대적하는 교만한 마음에 사탄은 여지없이 흉칙한 생각을 집어넣습니다. 뱀이 하와에게 했던 것처럼 말입니다.

"너희가 그것을 먹는 날에는 너희 눈이 밝아져 하나님과 같이 되어 선악을 알 줄 하나님이 아심이니라"(창 3:5)

인간의 원죄 안에 하나님을 대적하는 교만함이 숨겨져 있습니다. 하나님을 악용하여 결국 하나님의 자리를 차지하고 싶은 악한 본성이 도사리고 있습니다. 틈새를 노린 사탄이 생각을 비집고 들어와 공격할 때 무참히 무너져 내립니다.

만약 하나님의 말씀에 순종하는 삶을 살았다면 사탄이 공격한다 할지라도 타협하지 않을 것입니다. 하나님처럼 되고 싶은 교만한 마음도 존재하지 않을 것입니다. '선악과를 먹어도 결코 죽지 않는다'는 감언이설에도 넘어가지 않을 것입니다. 어떠한 자극도 받지 않을 것입니다. 그러나 우리 안에 불순종과 교만한 마음이 도사리고 있다면 언제든지 사탄이 침투해 들어올 위험성에 노출될 수밖에 없다는 것입니다. 얼마만큼 그 위험성을 내포하고 있느냐에 따라 성령의 충만함은 쉽게 채워지지 않을 것입니다.

다섯째, 마음을 지키지 못한다면 성령 충만이 훼방 받을 수 있습니다. 입술을 지키지 못할 때에도 바로 소진될 수 있습니다. 설령 성령께서 내주해 계신다 할지라도 우리는 여전히 육적으로 살아갑니다. 정욕과 이생의 자랑을 드러내며 살아갈 수밖에 없습니다. 인간의 본성이 그렇습니다. 언제든지 자신의 혼적인 생각과 감정과 의지가 앞서갈 수 있다는 것입니다. 성령께서 역사하신다 할지라도 마음과 생각을 지키지 못한다면 공허하고 허무해질 수도 있다는 것입니다. 신앙생활이 무미건조해지고 기쁨을 잃어버리게 됩니다. 잘 알다시피 마음이 한번 무너져 내리면 회복하기가 참으로 쉽지 않습니다. 어느새 자기 생각대로 자기 좋을 대로 움직이게 된다는 것입니다. 혀를 다스리지 못해 불평과 원망의 말들이 쏟아져 나온다면 믿음도 무너질 수 있습니다.
이를 아신 하나님께서 이렇게 당부하셨습니다.

"모든 지킬 만한 것 중에 더욱 네 마음을 지키라 생명의 근원이 이에서 남이니라"(잠 4:23)

무릇 지킬 것 가운데 마음을 지켜야 합니다. 마음이 요동치지 않도록 결단해야 합니다. 절망과 악한 말들이 흘러나오지 않도록 입술에 재갈을 물려야 합니다. 마음과 입술을 지킬 때 생명의 근원되시는 성령께서 더욱 충만히 채워주시고 역사해 주실 수 있다는 것입니다.

마지막으로 성령충만을 경험하지 못하는 이유는 하나님의 선을 충분히 사랑하지 못하고 있기 때문입니다. 죽기까지 악을 미워하고 있지 않기 때문입니다. 피 흘리기까지 죄와 싸우지 않고 있기 때문입니다. 하나님의 나라와 의에 대해 관심이 별로 없기 때문입니다. 하나님의 나라보다 내 나라가 더 중요하기 때문입니다. 하나님의 의보다 나의 의를 드러내는 것에 집중하기 때문입니다. 결론적으로 하나님과 내가 하나가 되지 못해서입니다. 하나님과 합한 자로 내가 살아내지 못해서입니다.

이 밖에도 성령충만을 받지 못하는 이유들은 수없이 많을 것입니다. 하지만 낙망하지 않습니다. 우리보다 더 하나님께서 성령을 충만하게 채워주시기를 원하고 계시기 때문입니다.

어쩌면 예전에 우리는 육신에 속해 살았을 것입니다. 쾌락과 각종 중독에 묶여 있었을지도 모릅니다. 사탄의 종속 안에서 세상적인 방법으로 살았을지도 모릅니다. 그러나 성령이 임하므로 하나님의 사랑을 경험하게 되었고 영의 갈망이 커지게 되었습니다. 목마른 사슴이 시냇물을 찾아 헤매는 것처럼 지금 하나님을 찾고 있을지도 모릅니다. 영적인 갈망이 차올라 성령충만을 구하고 있을지도 모릅니다.

지금 하나님께서는 하나님을 찾고 사랑하는 이들을 부르고 계십니다. 이들에게 성령을 부으시고 마지막 때를 준비하고 계십니다. 주의 오실 길을 예비하고 계십니다. 하나님의 놀라운 일들을 감당하기를 원하십니다.

지금 성령을 구하고 계십니까? 성령의 충만함을 사모하고 계십니까? 그렇다면 삶으로 살아내십시오. 거룩에 목숨을 거십시오. 하나님의 말씀에 순복하십시오. 성령충만을 구하셨다면 받은 것으로 믿으십시오. 성령충만을 채워달라고 부르짖으십시오. 지금 이 순간 성령님께서 자신의 영으로 머리부터 발끝까지 채워 주실 것입니다.

"소망의 하나님이 모든 기쁨과 평강과 믿음 안에서 너희에게 충만하게 하사 성령의 능력으로 소망이 넘치게 하시기를 원하노라"(롬 15:13)

어떤 곳에 가면 성령이 충만해지는 것일까

몇 년 전 미국에 있는 어떤 교회에 집회 차 방문하게 되었습니다. 신기하게도 교회에 들어서는 순간 눈물이 왈칵 쏟아졌습니다. 성령의 강력한 임재를 느꼈습니다. 성령의 임재에 압도되어 쓰러질 것만 같았습니다. 그 교회 안에 성령님의 충만한 능력이 가득 차 있었습니다. 눈물을 뿌리며 기도하는 성도들이 눈에 선하게 보이는 듯 했습니다. 성령께서 두루 다니시며 운행하시는 성령이 충만한 교회였습니다. 예상대로 성도들은 성령님의 능력과 각종 은사들을 풍성하게 경험하고 있었습니다.

많은 성도들이 성령의 충만함을 경험하고 유지하는 비결이 무엇인지 궁금했습니다. 그 교회에서 왜 그토록 성령 충만의 현상들을 쉽게 경험할 수 있었던 것일까요?

첫 번째 비결은 바로 예배와 기도였습니다. 그 교회는 새벽예배뿐만 아니라 365일 매일 저녁예배를 드리고 있었습니다. 기도원교회가 아님에도 매일 제단을 쌓으며 예배했습니다. 특별히 기도를 멈추지 않았습니다. 기도 당번을 정해놓고 릴레이 기도를 하면서 기도의 향연을 멈추지 않았습니다. 매일 예배드리며 기도의 불을

꺼뜨리지 않고 있었습니다. 그 분들은 성령 안에서 기도하고 있었습니다.[16]

기도를 중요시하는 교회는 성령의 충만함과 방언을 경험하는 성도들이 참 많습니다. 기도를 통해 교회 위에 포진해 있는 사탄의 견고한 진들을 파쇄합니다. 사탄의 방해가 제거될 때 하나님의 임재가 가득하여 성령님의 능력을 경험할 수 있게 되는 것입니다. 성령님의 임재를 갈망하여 날마다 부르짖는 성도들이 많다면 성령의 충만함을 쉽게 경험할 수 있게 됩니다.

두 번째 성령님의 은사와 능력을 환영하고 받아들일 때 역사하는 힘이 크게 됩니다. 성령이 충만한 교회나 장소에 가면 하나님을 갈망하는 마음이 불같이 타오르게 됩니다. 스스로 헌신의 자리로 나오게 합니다. 하나님 나라의 확장이 그들의 삶의 목적이 되기도 합니다. 하나님께 자신의 삶을 내어 드리는 완전한 전환이 일어날 수 있다는 것입니다.

결론적으로 성령의 사역을 활성화시킬 때 은사들을 선물로 나눠 주실 수 있다는 것입니다(고전 12:11). 성도 한 사람 한 사람을 만지시며 성령께서 은혜를 풀어 놓으십니다. 더 깊은 영적인 세계로 친

---

16 '성령 안에서 하는 기도'는 어떻게 하는 기도일까?
    1) 성령께서 인도하시는 기도
    2) 성령께서 기도제목을 주시며 주도하시는 기도
    3) 성령께서 주권을 가지고 이끄시는 기도
    4) 성령님의 뜻과 의지대로 하는 기도

히 성령님께서 인도하시는 것입니다.

마지막으로 목회자가 성령의 역사에 대해 열린 마음이 있다면 성령충만을 경험하는 것이 그리 어렵지 않습니다. 목회자의 통로를 통해 다양한 은사들이 부어질 수 있습니다. 안수나 기름부음 사역을 통해 활성화되기도 합니다. 성령님의 능력을 경험하게 된다면 성도들의 믿음이 커지며 하나님을 더욱 갈망하게 됩니다. 그 결과 그 장소 안에서의 성령의 충만함을 느낄 수 있게 되는 것입니다.

그렇다면 반대로 어떤 곳에서 성령의 충만함과 능력이 잘 나타나지 않을까요? 성령님의 역사가 잘 나타나지 않는 교회를 보면 성령님을 제한하는 경우가 많습니다.

제가 예전에 잠시 다녔던 교회는 보수적인 교회였습니다. 통성으로 기도를 한다든가 박수를 치며 찬양하는 것을 금지했습니다. 방언의 은사도 마귀방언으로 일축하며 제재했습니다. 예언도 성경이 생긴 이후로 폐지되었다는 양육을 받았습니다. 오직 성경만이 완성된 하나님의 말씀이기 때문에 성령님의 음성을 듣는다고 말하는 사람은 미혹된 결과라는 가르침을 받았습니다. 이렇게 양육을 받은 결과 방언이나 영적세계를 말하는 사람들을 판단하고 정죄하는 '성령을 모독하는 죄'를 저지르고 말았습니다. 그것이 죄인지도 모른 채 성령님의 능력을 경험하는 분들을 핍박했습니다.

만약 성령님의 풍성한 은혜를 경험하지 못한 채 문자적인 성경책만을 붙들고 산다면 얼마 가지 않아 완고한 신앙인으로 변모될 수도 있습니다. 성령님을 환영하고 받아들이지 않는다면 문자 속에서 역사했던 하나님을 믿는 신앙으로 전락될지도 모릅니다.

하나님의 말씀은 신앙생활의 토양이 되어야 합니다. 말씀은 믿음의 토대입니다. 반면 성령님은 살아있는 하나님을 경험하게 하시는 실체이십니다. 만약 오직 말씀만을 위주로 양육한다면 성령님의 역사가 제한을 받을 수도 있습니다. 살아 움직이시는 하나님을 경험할 수 있는 통로를 막을 수도 있다는 것입니다. 성령님의 통치와 역사하심을 인정하지 않는다면 성령충만을 통해 부어지는 능력들이 제한을 받게 되는 것입니다.

지금은 성령의 시대입니다. 이제는 말씀과 성령이 양축으로 함께 가야 합니다. 성령과 함께 간다는 뜻은 신비적인 체험을 말하는 것이 아닙니다. 말씀 안에 있는 성령의 역사를 인정하며 환영하고 받아들이는 것을 의미합니다. 성령님을 제한하지 않는다면 방언은 물론이거니와 여러 가지 은사들을 다양하게 경험할 수 있게 됩니다. 성령님의 능력과 충만함을 경험할 수 있게 됩니다.

바로 이러한 교회가 살아있는 교회, 하늘나라의 통치를 끌어 내릴 수 있는 교회가 되는 것입니다. 말씀을 기둥으로, 성령을 통해 하나님의 살아계심을 체험하여 세상 속에서 복음을 증거하는 교회들을 하나님께서 지금 찾고 계십니다.

우리가 머무는 모든 공간 공간을 성령이 충만한 장소를 만들기 위해 기도해야 합니다. 우리의 가정을 성령 충만한 곳으로 바꾸기 위해 성령님을 환영해야 합니다. 우리의 삶의 터전을 하나님의 임재가 내리는 거룩한 성전으로 변모시키기 위해 예배해야 합니다. 그렇게 할 때 그 곳을 출입하는 모든 이들이 하나님의 임재를 느끼게 될 것입니다. 살아계신 하나님을 경험할 수 있는 성령이 충만한 하나님의 나라가 될 것입니다.

> "내가 하나님의 성령을 힘입어 귀신을 쫓아내는 것이면 하나님의 나라가 이미 너희에게 임하였느니라"(마 12:28)

성령의 은사 낱낱이 파헤치기!

혹시 은사에 대해 어떠한 생각을 가지고 계신지요? 은사를 사모하고 계신지요?

분명한 것은 성령의 은사는 하나님께서 주시는 고귀한 선물이라는 것입니다. 만약 은사를 선물로 받았다면 감사하시기 바랍니다. 주변에 은사를 받고 싶어도 받지 못하는 사람들이 너무나 많습니다.

"하나님! 능력을 주시옵소서! 은사를 부어 주시옵소서!"

40일을 금식하며 능력 달라고 부르짖는 종에게 성령께서 은사를 주지 않으실 수도 있습니다. 이와 반대로 은사에 대해 전혀 관심이 없는 사람에게 거저 주시기도 하십니다.

성령의 은사는 크게 9가지로 분류할 수 있습니다. 지혜의 말씀의 은사, 지식의 말씀의 은사, 믿음의 은사, 병 고치는 은사, 능력 행함의 은사, 예언의 은사, 영분별의 은사, 방언의 은사, 방언통변의 은사 등이 있습니다. 성령의 9가지 은사는 성령님의 주권에 따라 각 사람에게 나누어 주시는 선물입니다(고전 12:11).

혹시 9가지 은사 가운데 선물로 받고 싶은 은사가 있으십니까? 무엇보다도 은사를 사모하기 전에 은사를 주시는 목적에 대해 명확히 이해하고 있어야 합니다.

성령께서 은사를 주시는 목적은 공동의 유익을 얻기 위해서입니다(고전 12:7). 분명한 것은 은사를 통해 죽어가는 영혼을 살릴 수 있다는 것입니다. 은사를 통해 나타나는 능력이 복음을 보다 용이하게 전파할 수 있습니다. 하나님의 살아계심을 확실히 드러낼 수 있습니다. 또한 하나님의 뜻과 마음을 전하는 통로로서 은사가 사용될 수 있습니다. 예컨대 예언의 은사를 통해 하나님의 마음과 생각이 담긴 메시지를 전할 수 있습니다. 방언통변의 은사를 통해 방언에 담겨진 영적인 비밀과 계시들이 풀어질 수 있습니다. 영분별의 은사를 통해 영적으로 묶여있는 영혼들을 치유하고 회복시켜 하나님께로 인도할 수도 있습니다.

다른 은사들도 마찬가지입니다. 지혜의 말씀의 은사가 임했다면 어떠한 상황에 적합한 성경말씀을 조명해 주시며 그 말씀을 삶에 적용할 수 있는 지혜도 주십니다. 보통의 경우 지식의 말씀의 은사는 지혜의 말씀의 은사와 힘께 부어질 때가 많습니다. 초자연적으로 알게 된 지식들을 지혜의 말씀의 은사를 통해 적용하는 것입니다.

만약 지식의 말씀의 은사가 있다면 어떤 상황 속에서 성령님께 이렇게 물을 수도 있습니다.

"하나님, 이 가정에 무슨 문제가 있습니까? 어떠한 말씀을 전해야 할까요?"

성령님을 의지할 때 지식의 말씀의 은사를 통해 그 가정의 상황과 환경을 보여 주실 수도 있습니다. 지식의 말씀의 은사는 어떠한 사람이나 상황에 관한 지식들이 성령님의 초자연적인 계시로 저절로 알게 되는 은사이기 때문입니다. 자신이 알려고 노력하지 않아도 성령께서 깨닫게 하시므로 문제들을 분별할 수 있다는 것입니다. 때로는 내면의 음성을 통해, 환상을 통해, 말씀을 통해, 감동을 통해 그 가정의 형편을 초자연적으로 계시해 주십니다. 지식의 말씀의 은사를 통해 알게 된 지식을 전한다면 그 가정이 회복되며 하나님께로 인도될 수도 있다는 것입니다.

또한 성령의 9가지 은사는 서로 상호보완하며 유기적으로 움직이게 됩니다. 한 가지 은사만으로는 영혼들을 제대로 섬길 수가 없습니다.

예를 들어 예언의 은사가 임했다 할지라도 예언의 은사 단독으로는 예언사역을 감당할 수 없습니다. 예언의 은사는 영분별의 은사와 함께 움직여야 합니다. 자신의 생각인지, 사탄이 주입한 음성인지, 하나님의 음성인지를 정확히 분별해야 하기 때문입니다. 더불어 지식의 말씀의 은사나 지혜의 말씀의 은사로 인해 계시된 지식이나 지혜가 더해질 때 더욱 풍성하고 정확한 예언으로 영혼들을 위로하며 덕을 세울 수 있습니다. 그래서 성령사역자들을 보면 간혹 9가지 은사가 모두 나타나는 경우도 있습니다.

만약 성령의 은사를 받으셨다면 갈고 닦아야 합니다. 처음 받은 은사는 마치 세공되지 않은 다이아몬드의 원석과 같습니다. 원석을 어떻게 세공하느냐에 따라 보석의 가치는 천차만별로 달라집니다. 보석이 보석답게 가공이 되는 것은 바로 세공기술의 차이 때문입니다. 얼마나 갈고 닦느냐에 따라 보석이 될 수도 흉한 돌덩이가 될 수도 있다는 것입니다.

군대에 갓 입대한 병사가 배급받은 무기를 무턱대고 사용한다면 사고가 발생할 수 있습니다. 먼저 무기를 다루는 법을 배우고 훈련해야 합니다. 총도 겨누어 보고 사격도 해봐야 자유자재로 총을 다룰 수 있고 그 특징도 알게 되는 것처럼 말입니다.

이렇듯 처음 받은 은사는 씨앗과도 같은 상태에서 움트기 시작합니다. 땅에 심겨진 씨앗에 물과 양분을 주어 발아시켜야 합니다. 물론 싹이 움트도록 이끄시는 분은 성령님이십니다. 그러나 그 씨앗이 제대로 성장할 수 있도록 땅을 기경하고 경작하는 것은 우리의 몫입니다.

가장 먼저 이제 막 움튼 씨앗의 뿌리가 땅속 깊이 내리지 못하도록 방해하는 요소들이 있다면 하나하나 제거해야 합니다. 씨앗이 잘 발아될 수 있도록 자갈이나 거친 돌들을 제거하는 일부터 시작해야 합니다.

또한 아직 처리되지 않는 상처나 온전하지 못한 성품으로 인해 은사가 왜곡되어 나타나지 않도록 경계해야 합니다. 의사에게 칼이 들려진다면 사람을 살릴 수 있는 도구가 되지만 강도에게 들려진다면 사람을 죽일 수도 있습니다.

분노나 미움, 시기 질투의 마음이 있다면 하나님 앞에 그 문제를 들고 나가십시오. 교만한 생각이 공격해 올 때 스스로를 지켜내기 위해 낮은 자리에서 몸부림쳐야 합니다. 용납하고 용서하며 영혼들을 품는 훈련을 해야 합니다. 겉사람의 기질들을 복종시키는 훈련을 반드시 해야만 합니다. 만약 죄나 교만으로 은사의 통로가 더럽

혀진다면 사탄의 도구로도 사용될 수도 있습니다. 훈련을 통해 은사를 세공할 때 거룩한 통로가 되어 하나님의 영광만을 드러내는 도구로 사용될 수 있을 것입니다. 자칫 은사를 악용하면 자기 영광을 받는 독이 될 수도 있다는 것입니다.

하나님께서는 '더욱 큰 은사를 사모하라 가장 좋은 길을 보이리라'라고 말씀하셨습니다(고전 12:31). 사모할 때 은사를 부어주신다고 약속해 주셨습니다. 만약 은사를 선물로 받으셨다면 훈련하시고 연마하십시오. 성령님의 능력을 사모하십시오. 아름답게 세공된 은사로 영혼을 살려 내십시오.

성령의 은사, 이제는 우리가 소유할 차례입니다.

> "각 사람에게 성령을 나타내심은 유익하게 하려 하심이라 이
> 모든 일은 같은 한 성령이 행하사 그의 뜻대로 각 사람에게
> 나누어 주시는 것이니라"(고전 12:7, 11)

성령님의 능력을 사모하십니까?

오늘날에도 성령님의 능력과 은사가 나타나고 있는 것일까요?

어떤 사람들은 성령의 은사는 사도행전 시대 이후로 종료 되었다고 주장합니다. 또 어떤 사람들은 아직도 여전히 나타나고 있다고 주장합니다. 교단마다 교회마다 종들마다 의견이 다릅니다. 어떠한 신학적인 배경을 가지고 있느냐에 따라 각기 주장을 달리합니다.

도대체 어떠한 주장이 맞는 것일까요? 어쩌면 둘 다 맞는지도 모르겠습니다. 왜냐하면 성령님을 제한한다면 성령님의 능력은 눈에 보이는 현상으로 나타날 수 없기 때문입니다. 사람들의 선입견이나 생각, 혹은 신학적 배경과 관점에 따라 성령님의 능력이 때로는 제한될 수도 있기 때문입니다.

이와 상대적으로 성령님의 은사가 지금도 나타나고 있다고 믿고 있다면 성령님의 능력을 경험할 수 있습니다. 믿음의 분량만큼 경험할 수 있습니다. 성령님을 환영하고 인정한다면 그 능력이 제한받지 않기 때문에 이런 사람에게는 성령의 은사가 나타날 가능성이 높습니다.

그런데 여기서 어떠한 경우에 성령님의 은사가 제한되기도 하며 풀어지기도 하는 것일까요?[17]

---

[17] 성령님의 은사가 나타나고 풀어지게 하는 방법
　　1) 성령님이 내주하셔야 함
　　2) 사모해야 함
　　3) 기도해야 함
　　4) 은사와 능력을 사용해야 함

신유의 은사를 예로 들어 보겠습니다. 만약 어떤 사역자가 '신유의 은사는 더 이상 나타나지 않는다'는 고정관념을 가지고 있다면 아마도 그는 환자를 위해 기도하는 것을 기피할 것입니다. 설령 기도를 한다 할지라도 치유기도 쪽보다는 병을 잘 이겨내도록 격려하는 기도를 할 것입니다. 왜냐하면 그의 마음에 더 이상 신유의 능력은 나타나지 않는다고 믿고 있기 때문입니다. 믿음은 바라는 것들의 실상입니다(히 11:1). 믿음대로 그대로 된다는 것입니다. 이와 반대로 하나님의 치유를 믿고 있는 사람이라면 분명 이렇게 기도할 것입니다.

"하나님! 고쳐 주시옵소서! 사랑하는 자녀를 치유하셔서 하나님의 영광을 드러내는 통로로 사용하여 주시옵소서!"

이렇듯 간절히 기도한다면 환자가 치유될 가능성이 높아집니다. 환영하고 받아들이는 만큼 역사하는 힘이 크게 됩니다. 우리가 부르짖고 간구할 때 성령께서 역사하실 수 있는 통로가 확장됩니다. 성령님의 능력을 기대하며 인정하는 것이 바로 성령님의 은사와 능력을 경험할 수 있는 지름길이라는 것입니다.

다른 은사들도 마찬가지입니다. 간혹 악한 영들에게 사로잡힌 사람을 대면할 때도 있을 것입니다. 인간의 능력으로는 귀신들린 사람을 치유할 수 없습니다. 하나님의 능력으로만 치유될 수 있습니다. 예수 그리스도의 이름만이 치유의 열쇠입니다. 이러한 상황에서 하나님께 이렇게 기도할 것입니다.

"내가 나사렛 예수 그리스도 이름으로 명하노니 악한 영들은 떠나갈지어다!"

"하나님! 악한 영들이 어떠한 통로를 통해 들어오게 되었는지 분별하게 하소서! 어떻게 대적해야 할지 알려 주소서!"

하나님께 도움을 요청할 때 성령께서 분별의 능력을 부어 주시며 사역을 이끌어 가십니다. 하나님의 능력과 역사하심을 목도해나갈 때 강한 믿음이 생기게 됩니다. 그 믿음으로 악한 영들을 대적하며 사역을 감당해 나간다면 분별의 영이 강해져 영분별의 은사가 임하기도 합니다(고전 2:13-14).

또한 성령님은 지혜와 계시의 영으로 우리의 영 안에 내주해 계십니다(엡 1:17). 그렇기 때문에 지혜를 달라고 간구할 때 지혜의 영이 임하기도 합니다. 만약 어떤 설교자가 양들에게 신선한 꼴을 먹이기 위해 지혜를 구하고 있다면 하나님께서 부어 주시지 않으시겠습니까? 우리보다 더 지혜를 부어 주시기를 원하십니다. 하나님의 지혜를 가지고 하나님 나라를 확장하기를 원하시기 때문에 필요에 따라 지혜의 말씀의 은사를 부어 주신다는 것입니다.

사도 바울은 성령의 은사에 대해 이렇게 설명하고 있습니다.

"은사는 여러 가지나 성령은 같고 직분은 여러 가지나 주는 같으며 또 사역은 여러 가지나 모든 것을 모든 사람 가운데서 이루시는

하나님은 같으니 각 사람에게 성령을 나타내심은 유익하게 하려 하심이라"(고전 12:4-7)

성령의 9가지 은사는 성령님의 주권과 뜻에 따라 나누어 주시는 선물입니다(고전 12:11). 은사를 나누어 주시는 분도 풀어주시는 분도 성령님이십니다. 그렇기 때문에 성령님께서 내주하고 계신다면 성령의 9가지 은사는 이미 잠재적 능력으로 내재되어 있다는 것입니다. 성령께서 우리 안에서 역동적으로 활동하시며 통치하고 계시다면 은사는 자연스럽게 흘러나오게 됩니다. 하나님 나라와 교회를 세우기 위해 은사가 풀어지기를 원하시기 때문입니다.

그렇다면 어떻게 할 때 성령님의 은사가 부어지며 능력으로 흘러나오게 되는 것일까요?

다시 신유의 은사를 예로 들어보겠습니다. 하나님께서는 '나는 너희를 치료하는 라파여호와'라고 하나님 자신을 소개하셨습니다(출 15:26). '너희 죄를 서로 고백하며 병이 낫기를 위하여 서로 기도하라'고 명령하셨습니다(약 5:16). '의인의 간구는 역사하는 힘이 크다'고 말씀하셨습니다(약 5:16).

하나님께서는 결코 자녀가 아프기를 바라지 않으십니다. 가슴 아파 하십니다. 그러하기에 병든 사람이 있다면 기도하라고 말씀하셨던 것입니다(약 5:14). 아픈 이들을 위해 기도하는 것은 하나님의 명령입니다.

만약 신유의 은사를 사모하고 있다면 기도하는 것부터 시작해야 합니다. 치유가 일어나든지 일어나지 않든지 포기하지 않고 기도할 때 어느 순간 환자의 상태가 호전되는 것을 목격할 수 있습니다. 간절한 마음으로 기도할 때 그 기도를 들으시고 기쁘게 응답하십니다.

만약 간절한 기도를 통해 누군가가 치유를 받았다면 기도자의 마음에 믿음이 심겨지게 됩니다. 환자를 볼 때마다 기도하고 싶은 마음이 들게 될 것입니다. 비록 신유의 은사가 임하지 않았다 할지라도 기도 가운데 환자가 치유되는 경험이 있다면 믿음으로 계속 기도하게 될 것입니다. 이러한 사역 속에서 치유되는 사람도, 치유되지 않는 사람도 있을 것입니다. 믿음으로 선포하며 의인의 간구를 계속해 나간다면 하나님은 그의 믿음을 보시고 신유의 은사를 더욱 강하게 부어 주시는 것입니다.

성령님의 은사는 사용할 때 강력해진다는 것을 기억해야 합니다. 눈에 보이지도, 손에 잡히지도 않지만 사랑으로 영혼을 섬길 때 은사가 발아되기 시작합니다. 기도할 때 성령님의 능력이 실상에서 나타나게 됩니다. 영혼에 대한 거룩한 부담감을 가지고 기도하다보면 환자의 질병이 호전되면서 낫게 되는 경우도 있습니다.

"아! 간절히 기도하니 병이 치료되는구나, 회복 되는구나, 하나님께서 치유하시는구나."

하나님의 초자연적인 치유의 현장을 목격하게 되면 감격하게 됩니다. 환자를 대면할 때에도 두렵지 않고 자신감이 생기기도 합니다. 더 나아가 치유기도를 하고 싶은 마음이 용솟음치기도 합니다. 영혼에 대한 사랑과 긍휼한 마음으로 기도하며 훈련해 나갈 때 은사의 씨앗이 발아되며 능력이 배가되기 시작합니다. 치유가 되든지 되지 않든지 연연하지 않고 계속해서 훈련해 나간다면 능력은 실상에서 나타나게 됩니다. 이때부터 본격적으로 성령님의 은사가 활성화되어 풀어지기 시작할 것입니다.

> "너희는 더 큰 은사를 사모하라 내가 또한 가장 좋은 길을 너
> 희에게 보이리라"(고전 12:31)

성령님의 능력이 나타나지 않는 이유

성령님의 능력과 은사는 하나님을 바라보며 갈망하고 사모할 때 부어집니다. 믿음을 통해 그 능력이 나타납니다. 만약 성령님의 능력과 은사를 경험하지 못했다면 온전한 믿음으로 선포하지 못할 것입니다. 우리의 고정관념이나 선입견이 하나님의 능력을 제한할 것입니다. 신학적인 관점이 성령님의 은사를 가로막을지도 모릅니다. 자신이 경험하지 못했다면 그 사역에 대해 인정할 수 없는 것이

어찌 보면 당연한 일인지도 모르겠습니다.

또한 은사는 간절히 기도할 때 부어집니다. 만약 기도하지 않는다면 성령님의 은사와 능력을 경험할 수 없습니다. 사도행전 시대에 능력이 나타났던 사람들은 모두 기도하는 사람들이었습니다.

"그들이 사도의 가르침을 받아 서로 교제하고 떡을 떼며 오로지 기도하기를 힘쓰니라"(행 2:42)
"우리는 오로지 기도하는 일과 말씀 사역에 힘쓰리라 하니"
(행 6:4)

우리의 영은 하나님의 말씀과 기도를 통해 거룩해집니다(딤전 4:5). 거룩해진 영의 통로를 통해 성령님의 능력이 흘러나오는 것입니다. 초대교회 성도들과 사도들이 이러한 영적인 원리를 깨달았기 때문에 기도에 힘쓸 수밖에 없었습니다. 능력의 원천이신 예수님조차도 사역을 행하신 이후에 한적한 곳에 가서서 오로지 기도에 힘쓰셨습니다.

"왜 우리는 귀신을 쫓아내지 못한 것입니까?"(막 9:28)

이렇게 묻고 있는 제자들에게 예수님께서 단호하게 말씀하셨습니다.

"기도 외에 다른 것으로는 이런 종류의 귀신을 쫓아낼 수 없음이라"(막 9:29)

기도는 하나님의 음성을 듣는 통로입니다. 하나님의 마음을 담는 그릇입니다. 기도를 통해 하나님의 뜻을 알고 믿음으로 담대하게 선포할 때 하나님의 능력이 흘러나가는 것입니다. 보통의 경우 은사는 부르짖고 기도할 때 부어집니다. 성령님의 능력도 갈망하고 침노하며 믿음으로 간절히 기도할 때 나타날 수 있다는 것입니다.

만약 '은사는 중지되었다'는 선입견이 있는 상태라면 부르짖지 않을 것입니다. 간절함으로 기도하지도 않을 것입니다. 간절함이 결여된 기도는 하나님의 응답을 끌어내릴 수가 없습니다. 하나님의 능력의 통로로 사용 받을 수가 없다는 것입니다. 성령님의 은사가 중지된 것이 아니라 기도하고 있지 않기 때문에 능력이 나타나지 않는다는 표현이 더 적합합니다. 설령 성령님의 능력이 나타난다 할지라도 제한적으로 나타나게 됩니다.

또한 성령님의 능력을 믿지 않고 받아들이지 않고 인정하지 않을 때 성령님의 능력이 제한됩니다. 예수님께서 고향에 가셨을 때 그들이 믿지 않음으로 아무 권능도 행하실 수 없어 다만 소수의 병자를 고치셨던 것처럼 말입니다(막 6:5-6).

은사 중지론을 지지하든, 지속론을 지지하든 모든 신학이 공통적으로 인정하는 것은 '성령님이 우리의 영 안에 내주하신다'는 진리입니다(고전 3:16). 사도행전 시대에 내주하셨던 성령님이 현재 우리에게도 동일하게 내주해 계십니다.

지금은 성령의 시대입니다. 그때나 지금이나 성령님의 능력과 은사는 동일합니다. 단지 성령님의 통로로 사용되는 우리가 변했기 때문에 능력이 나타나지 않는 것입니다.

사도 바울은 자신의 믿음을 이렇게 고백했습니다.

"내가 달려갈 길과 주 예수께 받은 사명, 곧 하나님의 은혜의 복음을 증언하는 일을 마치려 함에는 나의 생명조차 조금도 귀한 것으로 여기지 아니하노라!"(행 20:24)

비단 사도 바울만이 이러한 고백을 한 것이 아닙니다. 성령의 충만함을 입었던 초대교회 성도들도 생명의 위협을 받고 뿔뿔이 흩어지면서도 결코 예수님을 부인하지 않았습니다. 목숨을 걸고 복음을 전했습니다. 자신의 생명과 복음을 맞바꿨습니다. 이런 믿음을 소유한 이들에게 성령의 능력과 은사를 물 붓듯이 부으시지 않으시겠습니까?

"하나님! 하나님이 전부입니다. 제가 숨 쉬는 목적입니다. 살아가는 이유입니다. 이제 살아도 주를 위하여 살고 죽어도 주를 위하여 죽겠나이다. 사나 죽으나 오직 주님의 것입니다."

지금도 누군가가 이 기도를 올리고 있다면 사도 바울에게 임했던 성령의 능력이 그에게도 임할 것입니다. 자신의 육체를 쳐서 복종시키며 오직 하나님만을 바라본다면 성령님께서 그분의 능력을 붓고 또 부으실 것입니다.

예수님께서 승천하시기 전에 마지막 유언을 남기셨습니다.

"오직 성령이 너희에게 임하시면 너희가 권능을 받고 예루살렘과

온 유대와 사마리아와 땅 끝까지 이르러 내 증인이 되리라"(행 1:8)

성령이 임하시면 권능이 나타나는 것은 성경이 말하고 있는 진리입니다. 성령께서는 사도시대의 소수의 사람들에게만 내주하지 않으셨습니다. 지금도 여전히 성령께서 우리의 영 안에 내주해 계십니다. 성령께서 내주하시면 성령의 은사가 나타나는 것은 성경이 말하고 있는 진리입니다.

좀 더 솔직히 표현한다면 은사가 중지되었다는 주장보다는 하나님께 목숨을 거는 사람들이 없기에 성령님의 능력이 제한적으로 나타나고 있다는 말이 더 합당하지 않을까요?[18] 하나님의 능력을 쏟아 부어 줄 종들이 없기 때문에 제한받고 오히려 훼방 받고 있는 것은 아닐까요? 믿음이 없기에 '믿음대로 될지어다'라는 말씀이 실현되고 있지 못하는 것은 아닐까요?

하나님의 능력은 무한합니다. 영원합니다. 인간의 지식으로 결코 하나님을 제한할 수 없습니다. 하나님께서는 마지막 때 성령님의 능력과 은사를 물 붓듯이 쏟아 부어 주시기를 원하십니다. 하나님의 군대를 세워 나가기 위해 지금도 신실하게 일하고 계십니다. 지금 성령님의 능력이 나타나지 않는 것은 하나님의 문제가 아닙니

---

18 성령님의 은사와 능력이 제한적으로 나타나는 이유
    1) 기도하지 않을 때
    2) 성령님의 능력을 경험하지 못하여 제한하고 믿지 않을 때
    3) 성령님의 성품으로 은사를 사용하지 않을 때
    4) 성령님이 근심하시고 소멸되셨을 때

다. 바로 나의 믿음 없음의 문제입니다.

"예수께서 백부장에게 이르시되 가라 네 믿음대로 될지어다
하시니 그 즉시 하인이 나으니라"(마 8:13)

사탄에게 속한 사람의 능력, 어떤 통로로 받은 것일까?

하나님께서는 죽어가는 영혼을 살리며 복음을 전파하기 위한 도
구로서 은사를 선물로 주셨습니다(고전 12:7). 그러나 이러한 초심으
로 은사를 사용하지 않고 사욕으로 활용한다면 성령님께서 근심하
시게 됩니다(엡 4:30). 물질에 매임으로 은사를 남용하고 있다면 성
령님께서 근심하십니다. 거룩한 영이신 성령님은 욕심과 정욕, 교
만과 자기자랑과 함께 거하실 수 없습니다. 만약 우리의 영 안의 성
령님의 성전이 더러워졌다면 급기야는 성령님께서 소멸되실 수도
있다는 것입니다(살전 5:19).

그런데 문제는 성령께서 소멸되었을지라도 은사와 능력이 그대로
남아있는 경우가 있다는 것입니다. 은사의 통로가 여전히 열려 있을
수도 있다는 것입니다. 더 나아가 이미 확장되어 있던 은사의 통로를
사탄이 통치하여 사탄의 도구로 잠식해 나갈 수도 있다는 것입니다.

마태복음 7장을 보면 어떤 종들이 예수님 앞에서 자신의 입장을 토로하는 장면이 나옵니다.

"주여! 주여! 우리가 주의 이름으로 선지자 노릇도 하며 주의 이름으로 귀신을 쫓아내며 많은 권능을 행하지 아니하였나이까?"(마 7:22)

그런데 예수님께서는 전혀 예상치 못한 답변을 하셨습니다.

"불법을 행하는 자들아! 내게서 떠나가라!"(마 7:23)

분명 그들은 예수님의 이름으로 귀신을 쫓아내며 많은 권능을 행했습니다. 그런데 예수님께서 '나는 너희를 도무지 모른다'라고 단호하게 말씀하셨습니다. 쉽게 설명한다면 '너희는 나의 종이 아니다'라고 딱 잘라 말씀하셨던 것입니다.

그렇다면 이들은 도대체 어떠한 통로로부터 능력과 은사를 받은 것일까요?

은사는 성숙한 그리스도인에게만 임하는 것이 아닙니다. 설령 육신에 속한 사람일지라도 은사는 임할 수 있습니다. 사모하고 부르짖을 때 능력이 나타날 수 있습니다. 은사가 임해 병을 치료하고 귀신도 쫓아낼 수 있습니다. 심지어 예언도 할 수 있습니다. 미성숙한 상태로도 은사를 계속적으로 사용할 수 있다는 것입니다. 이 상태에서 자기영광과 의를 내려놓는 훈련을 하지 않는다면 사탄의 공격에서 자유로울 수 없습니다.

사탄은 은사를 통해 하나님 나라가 확장되는 것을 극도로 싫어

합니다. 방해하고 훼방하기 시작합니다. 능력이 나타나기 시작할 때부터 교만의 영의 공격이 시작될 수 있다는 것입니다. 은사자들을 넘어뜨리기 위해 총공격을 해옵니다.

만약 악한 영의 공격을 받게 된다면 기적과 표적이 일어날 때 교만해지며 우쭐해지게 됩니다. 은사를 통해 자기영광을 받으며 교만한 자리에 앉아 있으려 합니다. 이러한 상태가 지속된다면 성령께서는 근심하시며 결국 소멸되게 됩니다. 성령께서 떠나가신 그 자리에 사탄이 주인행세하며 결국 불법의 종으로 잠식해 나가는 것입니다. 사탄에게 속한 종으로 전락시키면서 그들에게 자신의 능력을 쏟아 부어 줍니다. 사탄은 이러한 능력을 줄 수 있는 막강한 권세를 가지고 있습니다.

"예루살렘에서 내려온 서기관들은 그가 바알세불이 지폈다
하며 또 귀신의 왕을 힘입어 귀신을 쫓아낸다 하니"(막 3:22)

어느 날 예수님께서 귀신을 쫓아 내셨습니다. 귀신이 떠나가자 말 못하던 사람이 즉시 말을 했습니다. 이를 목격한 어떤 사람들은 하나님을 찬양하며 놀라워했습니다. 반대로 어떤 사람은 '이 사람은 귀신의 왕인 바알세불의 힘을 빌려 귀신을 쫓아낸다'며 조롱했습니다(막 3:22). 심지어 빈정거리기까지 했습니다. 이들은 귀신도 귀신을 쫓아낼 수 있으며 바알세불의 힘을 빌려 병든 사람도 치료

할 수 있다는 것을 이미 알고 있었던 것입니다.

그렇다면 이러한 사례를 어떻게 확증해 볼 수 있을까요? 바로 점쟁이나 무당을 통해 확인할 수 있습니다. 무당에게 굿을 하거나 부적을 받았을 때 병이 호전되며 문제가 해결되는 것을 간혹 경험할 수 있습니다. 이것이 바로 바알세불의 힘을 빌려 귀신을 잠잠케 하는 경우입니다.

기억해야 할 것은 바알세불의 힘을 빌려 귀신을 쫓아내는 것과 예수님의 이름으로 귀신을 쫓아내는 것은 본질적으로 차원이 다르다는 것입니다. 예수님의 권세로 귀신을 쫓아내는 것은 완전한 승리, 온전한 치유를 의미합니다. 반면 바알세불의 귀신을 통해 쫓아내는 것은 더욱 강하게 미혹하여 사탄의 나라를 확장하기 위해 귀신들이 상호간 야합하는 것입니다.

예수님께서는 '만일 사탄이 스스로 분쟁하면 그의 나라가 어떻게 서겠느냐'라고 말씀하셨습니다(눅 11:18). 무당이 굿을 하고 부적을 적어 줄 때 그 순간 치유와 회복이 일어날 수도 있습니다. 그러나 더 악한 바알세불의 미혹의 영에게 묶이게 됩니다. 더 악한 영에게 묶일 수 있는 빌미를 제공하는 것입니다. 이렇듯 사탄은 자신의 나라를 세우기 위해 사람을 도구로 사용하고 있습니다. 그들에게 강한 사탄적인 능력을 쏟아 부어 종노릇하게 할 수도 있다는 것입니다.

사탄의 도구로 사용되는 사람들을 크게 두 부류로 나눌 수 있습니다.

첫째로 예수님께 '불법을 행하는 자들아. 내게서 떠나가라'라고 책망을 받았던 부류입니다(마 7:23). 이들은 예수님의 이름으로 귀신을 쫓아냈습니다. 예언을 하며 각종 능력도 나타났습니다. 분명 자신들은 예수님의 이름으로 병을 치유하고 귀신을 쫓았던 것입니다. 본인 스스로도 하나님의 사역을 하고 있다고 믿고 있다는 것입니다. 그러나 이들에게는 성령의 열매를 찾아볼 수 없습니다. 자기 영광과 의를 드러내기 위해 은사를 남용한 것입니다. 결국 성령께서 소멸되신 후 사탄이 그들을 잠식하여 사탄의 도구, 불법의 종으로 사용한 것입니다.

만약 성령의 열매를 등한시한 채 능력에만 집중한다면 우리도 '불법을 행하는 자들아. 내게서 떠나가라'하신 예수님의 불호령을 들을 수도 있다는 것입니다. 성령으로 시작했다가 육체로 마친 경우입니다.[19] 종국에는 악령으로 멸망하는 사례입니다.

둘째로 처음부터 사탄의 도구로 훈련되고 준비된 사람들입니다. 바알세불의 힘을 빌려 귀신을 쫓고 병을 치료하는 흉내를 내는 부

---

19 과연 지금 우리는 어떤 사람의 유형에 속해 있을까요?
    1) 악령으로 시작했다 악령으로 끝나는 사람
    2) 성령으로 시작했으나 육체로 변질되는 사람
    3) 성령으로 시작했으나 불법으로 치닫는 사람
    4) 성령으로 시작했으나 악령으로 마치는 사람
    5) 성령으로 시작했으나 성령이 근심하시고 소멸되는 사람
    6) 성령으로 시작하여 성령으로 마치는 사람

류입니다. 주로 무당, 주술사, 사이비 거짓 종교, 이단의 교주 등 미혹의 영에 의해 묶인 사람들이 이 부류에 해당됩니다.

우리는 영의 전도체입니다. 우리가 어디를 향해 통로를 열어 주느냐에 따라 하나님의 사람이 될 수 있으며 마귀의 종노릇도 할 수 있다는 것입니다. 영의 통로가 열린 상태로 사탄이 생각을 넣어주며 교만을 심어준다면 불법을 행하는 마귀의 종도 될 수가 있다는 것입니다. 분명한 것은 은사는 자기 영광을 받는 도구가 아니라는 것입니다. 사리사욕을 채우는 수단도 아닙니다. 오직 하나님 나라의 확장과 복음이 전파되는 도구로서 사용되어야 한다는 것입니다.

분명 은사는 하나님께서 자녀에게 주시는 좋은 선물입니다. 성령님의 능력과 은사가 풀어지기 시작했다면 하나님께 감사하십시오. 더욱 더 훈련하고 성장하십시오. 성령의 아름다운 열매를 맺는 성숙의 단계로까지 도약하십시오.[20] 은사를 통해 죽어가는 영혼을 살리는 꿈을 꾸십시오. 하나님 나라의 확장을 꿈꾸는 하나님의 사람과 성령님은 동행해 주실 것입니다. 성령님과 동행하는 삶이 시작될 것입니다.

---

20 내 안에 잠재되어 있는 능력(은사)를 활성화시키는데 필요한 훈련들
    1) 깨끗한 중심으로 기도하는 훈련
    2) 성령님의 음성을 듣는 훈련
    3) 순종의 훈련
    4) 믿음으로 선포하는 훈련

"내가 이르노니 너희는 성령을 따라 행하라 그리하면 육체의
욕심을 이루지 아니하리라"(갈 5:16)

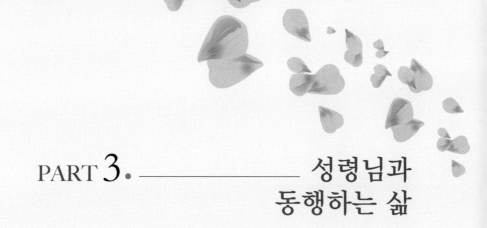

PART 3. ——————— 성령님과 동행하는 삶

"너희는 성령을 따라 행하라 그리하면
육체의 욕심을 이루지 아니하리라"

(갈 5:16)

　고통과 아픔이 격해지는 시대입니다. 우리는 점점 더 깊은 고통을 느끼고 있습니다. 두려움과 분노에 휩싸이고 있습니다. 지나치게 반응하고 있습니다.

　도대체 왜 그럴까요? 바로 성령하나님의 임재를 놓치고 있기 때문입니다. 성령님의 통치를 거부하고 있기 때문입니다. 성령님과 동행하고 있다는 것을 망각하고 있기 때문입니다. 성령님을 잊어버리는 순간 외부의 충격에 더 크게 반응하는 것입니다. 아이러니하게도 성령님의 통치와 임재가 충만해질수록 웬만한 충격이 와도 쉽게 극복합니다. 고난이 있을지라도 다시 일어설 수 있습니다. 그 어떤 순간에도 좌절하지 않습니다. 나의 능력이 아니요 성령님으로부터 받는 힘으로 다시 충전될 수 있기 때문입니다.

　성령님과의 동행의 삶은 그리스도인에게 있어 필수입니다. 반드시 필요합니다. 그러나 많은 분들이 성령님과 동행하는 삶이 무엇인지를 인식조차 못하고 있습니다. 동행이라는 의미를 추상적으로 생각하며 이해하지 못하고 있습니다.

동행의 의미는 '일정한 곳으로 길을 같이 가거나 오거나 하는 것'이라고 정의되어 있습니다. 그렇습니다. 성령님과의 동행의 최종 목적지는 천국입니다. 성령님께서는 천국에 입성시키기 위해 우리의 영안에 내주하셨습니다. 문제는 천국으로 가는 동행의 길이 그리 순탄하지만은 않다는 것입니다. 흑암의 권세들이 지옥으로 끌고 가기 위해 장악해 들어오기 때문입니다. 우리가 하나님의 자녀가 되는 것을 바라보고만 있지 않기 때문입니다. 부지불식간에 통치해 들어오기 때문입니다.

지금도 복음을 두고 구원을 두고 치열한 영적전쟁이 일어나고 있습니다. 사느냐 죽느냐보다 더 중요한 것은 성령님과 동행하고 있느냐 사탄과 함께하고 있느냐의 갈림길에 놓여 있다는 것입니다. 자칫 수렁에 빠질 수도 있는 위험요소가 도사리고 있기에 늘 경계해야 합니다. 현재 내가 성령님의 통치 안에 있는지 자신의 삶을 점검해야 합니다. 성령님의 통치가 없다면 성령님과의 동행의 삶은 불가능하기 때문입니다.

성령님의 통치와 악한 영의 장악의 분별과 차이

성령님의 통치를 강화시키기 위해서는 성령님께서 어떻게 내주하시고 역사하시는지에 대한 인식에서부터 출발해야 합니다. 성령님의 통치 안에서 일어나는 영적인 일들에 대한 현상과 특징에 대해 분별하는 것이 중요합니다. 생각보다 많은 사람들이 성령님의 내주와 사탄의 침투 방법을 잘 분별하지 못합니다. 왜 그럴까요? 성령님도 사탄도 영적인 존재이기 때문입니다. 눈에 보이지 않기 때문입니다. 모방과 흉내의 달인인 사탄이 성령님의 임재와 비슷한 현상을 일으키며 미혹하기 때문입니다. 현혹된 결과 사탄의 통치로 나타나는 현상들을 본인 스스로는 성령의 역사라고 믿게 된다는 것입니다. 귀신의 장악으로 인한 역사를 성령님의 일하심으로 착각하게 된다는 것입니다.

분명한 것은 우리는 지금 영적인 세계 속에서 살아가고 있다는 것입니다. 영적인 눈이 열리지 않았기에 인식하지 못하고 살아갈 뿐입니다. 그 결과 보이는 세계만을 집중하게 됩니다. 보이는 세계는 영적인 세계에서 일어나는 현상의 결과로 나타나는 열매일 뿐인데 말입니다. 참으로 안타까운 현실입니다.

무엇보다도 보이지 않는 세계에서 일어나는 일들을 분별해야 합니다. 체험해야 합니다. 가장 먼저 영적인 존재가 무엇이 있는지 인식하고 있어야 합니다. 이 세상에 존재하는 영적인 존재는 하나님, 천사, 사탄, 사람으로 분류할 수 있습니다.[21] 4부류의 영적인 존재 가운데 우리의 영혼육 안에 들어올 수 있는 대상은 하나님과 사탄뿐입니다. 천사는 우리 안에 들어와 역사할 수 없습니다. 천사가 자신 안에 들어와 역사하고 있다는 분들이 혹시 주변에 있다면 미혹의 결과입니다. 잘 분별해야 합니다.

고린도전서 3장 16절에 이렇게 기록되어 있습니다.

"너희가 하나님의 성전인 것과 하나님의 성령이 너희 안에 계시는 것을 알지 못하느냐"

성령님은 우리의 영안에 내주하시며 이끌어 가십니다. 성령님이 내주하시기 위해서는 복음을 듣고 예수님을 영접해야 합니다. 예수님이 구세주이시며 하나님의 아들이라는 진리를 마음으로 믿고 입으로 시인할 때 성령께서 우리의 영을 거룩의 영으로 덮으시며 내

---

21 1. 삼위일체 하나님 : 하나님은 영이시니 예배하는 자가 영과 진리로 예배할지니라 (요 4:24)
  2. 천사 : 모든 천사들은 섬기는 영으로서 구원 받을 상속자들을 위하여 섬기라고 보내심이 아니냐(히 1:14)
  3. 사탄 : 우리의 씨름은 혈과 육을 상대하는 것이 아니요 통치자들과 권세들과 이 어둠의 세상 주관자들과 하늘에 있는 악의 영들을 상대함이라 (엡 6:12)
  4. 사람 : 여호와 하나님이 땅의 흙으로 사람을 지으시고 생기를 그 코에 불어넣으시니 사람이 생령이 되니라 (창 2:7)

주하시는 것입니다(롬 10:9-10). 성령님이 내주하신다면 우리의 영이 살아납니다.

반대로 내주하시지 않았다면 죽어있는 상태로 영의 기능이 상실되어 버리는 것입니다. 그 상태로 구원받지 못한 채 지옥으로 떨어지는 것입니다. 우리의 영은 하나님의 통치기관이며 오로지 성령님이 내주하실 때에 살아날 수 있습니다. 거듭남이라고 표현하기도 합니다. 성령님을 통해 우리의 영이 태어나고 하나님의 자녀로 살아가는 것입니다.

하나님의 영은 온 우주에 편재하시며 무소부재하게 움직이십니다. 두루 다니시며 말씀으로 창조하셨습니다(창 1:2, 요 1:1-3). 이 세상의 창조주로서, 주관자로서, 통치자로서 온 우주에 편재하시며 다스리시는 것입니다. 하나님의 영이신 성령께서도 이 온 우주에 편재해 계십니다. 간혹 성령께서 하나의 객체로 우리 안에 들어온다고 생각하고 있으나 이것은 하나님의 속성을 이해하지 못해서 생긴 오해입니다. 오히려 정반대로 우리가 온 우주에 편재하고 계신 성령님의 품 안으로 들어가는 것입니다. 우리가 성령님의 영 안에 거하는 것입니다. 우리의 영 안에 성전을 둔다는 것은 우리가 성령님의 임재 안으로 편재 안으로 들어간다는 것을 의미합니다.

그렇다면 악한 영은 어떠한 방법으로 침투할까요?[22]

어떠한 방법으로 장악하며 통치해 나갈까요?

악한 영들은 한 객체로서 움직입니다. 그래서 사람 속에 악한 영이 몇 마리가 들어갔는지 셀 수가 있는 것입니다. 막달라 마리아에게 일곱 귀신이 들어가 있었다는 것이 성경에 기록되어 있습니다 (눅 8:2). 거라사 광인 안에 들어 있던 군대귀신도 예수님께서 쫓아내셨을 때 거의 2천 마리의 돼지떼가 수몰 당했습니다(막 5:13). 거라사 광인 안에 들어있던 악한 영들의 숫자가 그토록 많았다는 것을 의미합니다. 악한 영들은 죄의 속성을 타고 들어와 주인행세를 하며 점진적으로 우리의 혼과 육의 영역을 멸망시켜 나가고 있습니다.

악한 영에게 장악당하고 통치당하는 이유는 여러 가지가 있을 것입니다. 자신이 의도하지 않았을지라도 깊은 상처와 아픔, 정죄감이나 고통 속에 자리를 잡을 수도 있겠습니다. 우는 사자처럼 삼킬 자를 찾아 헤매고 있기에 부지불식간에 악한 영이 공격해 들어올 수 있다는 것입니다.

보편적으로 악한 영들은 죄라는 통로를 통해 공격해 들어옵니다. 죄된 생각과 행동이 우리의 혼과 육의 영역 안에서 완전히 장착

---

22 악한 영의 침투 방법 : 생각의 침투-마음의 침투 (죄의 동의와 허락)-행동의 침투 (죄의 수용)-육체에 침투-혼(지성, 감정, 의지)의 잠식-육체 잠식-사탄의 종노릇

되기 시작할 때부터 사탄의 공격은 가속화됩니다. '이제 내 것이구나'하며 죄의 틈새를 비집고 들어와 통치해 나가기 시작합니다.

악한 영은 우리의 영혼육 가운데 가장 먼저 혼의 구조[23] 가운데 생각을 침투해 들어옵니다. 가룟 유다에게 예수님을 팔 생각을 집어넣어 공격했던 것처럼 말입니다(요 13:2). 그 죄된 생각이 마음에 침투되기 시작한다면 악한 영들은 인간의 본성을 자극하기 시작합니다.

"내가 예수를 너희에게 넘겨주리니 얼마나 주려느냐?"(마 26:15)

가룟 유다가 예수님을 팔 생각을 마음으로 품고 대제사장들에게 찾아가 은 삼십냥에 팔았던 것처럼 말입니다(마 26:14-16). 마음에서 죄를 허락하고 싶은 욕망이 불일 듯 일어나 죄와 타협하게 됩니다. 그때부터 죄의 틈새를 사탄이 비집고 들어와 더 강력한 생각을 불러일으키며 행동하도록 충동합니다. 죄를 수용하게 됩니다. 그때부터 사탄으로부터 기인된 죄성이 육체 안에 잠식해 들어오기 시작합니다. 자신도 모르는 사이에 스멀스멀 침투해 들어오기 시작하는 것입니다.

기억해야 할 것은 죄와 타협하고 동의하는 삶을 산다는 것은 악한 영들이 우리 안에 들어올 수 있도록 포문을 활짝 열어 주는 것과 같다는 것입니다. 죄가 주는 쾌락은 달콤하지만 그 결과는 참으로

---

23 인간의 혼의 구조 : 지.정.의 (지성/생각, 감정, 의지), 양심, 자유의지

비참합니다. 우리의 혼과 육을 장악해 들어오면서 사탄의 통치가 시작될 수 있기 때문입니다. 가룟 유다처럼 극심한 정죄감에 시달리게 함으로 지옥의 나락으로 끌고 갈 것이기 때문입니다.

성령님의 내주와 악한 영이 장악할 때의 현상과 원리를 잘 분별해야 합니다. 성령님의 내주와 악한 영이 우리 안에 들어옴은 본질적으로 다릅니다. 성령님께서는 온 우주에 편재하고 계시므로 우리가 하나님의 영 안으로 임재 안으로 들어가는 것입니다. 성령님은 우리가 예수님을 구세주로 믿고 시인하고 영접할 때 우리의 영 안에 내주하십니다. 우리를 하나님의 영으로 덮어주시는 것입니다.

반면 악한 영은 죄를 짓기 시작할 때부터 들어올 수 있는 통로가 열리게 됩니다. 죄의 틈새를 타고 들어와 장악해 나간다는 것입니다. 죄가 얼마나 만연하느냐에 따라 한 사람을 장악해 결국 만신창이로 만들어 나갈 수도 있다는 것입니다. 그렇기 때문에 사도 바울은 죄와 피 흘리기까지 싸워 나가며 성령으로 충만하여 악한 영의 먹잇감이 되지 않도록 늘 깨어 근신하라고 권면했던 것입니다. 우리가 성령으로 충만하다면 악한 영도 일곱 길로 도망칠 것이기 때문입니다.

지금 우리는 영적세계의 한복판에 있습니다. 보이지는 않지만 치열한 영적전쟁터에서 살얼음판 위를 걷고 있습니다. 성령의 통치에 따라 살아가느냐, 사탄의 통치에 의해 장악되어 가느냐의 전쟁입니다.

많은 이들이 악한 영들에게 집중합니다. 하지만 우리는 하나님께 주파수를 맞춰야 합니다. 하나님의 음성을 들어야 합니다. 진짜만을 바라보아야 합니다. 어떻게 할 때 성령님의 통치가 강화되는지, 성령충만을 유지하기 위해 어떻게 살아가야 하는지에 더욱 집중해야 합니다. 삶으로 살아낼 때 성령님께서 통치하시는 힘이 강화될 것입니다. 그때부터 성령님과의 동행의 삶이 시작될 것입니다.

> "너희 몸은 너희가 하나님께로부터 받은 바 너희 가운데 계
> 신 성령의 전인 줄을 알지 못하느냐 너희는 너희 자신의 것
> 이 아니라 값으로 산 것이 되었으니 그런즉 너희 몸으로 하
> 나님께 영광을 돌리라"(고전 6:19-20)

성령님의 통치를 강화시키는 방법

문득 지금 내게 있어 가장 중요한 것은 무엇일까 하는 생각을 해봅니다.

'설교를 잘하고 큰 능력이 나타나는 것일까, 아니면 집회 가운데 표적과 기적이 일어나 많은 이들을 놀라게 하는 것일까'

물론 이것도 매우 중요합니다. 하지만 성령님께서 기뻐하시는 우선순위는 아니라고 여겨집니다.

과연 성령님께서 원하시는 것은 무엇일까요?

바로 성령님과 동행하는 삶일 것입니다. 성령님과 인격적으로 교제하는 삶일 것입니다. 하나님의 일이 나의 일이 되고 하나님의 소원이 나의 소원이 되는 것입니다. 나의 삶 전체를 온전히 드리는 삶, 성령님께서 통치하실 수 있는 삶 그 자체라고 믿습니다.

나의 생각, 언어, 표정, 눈빛, 말투, 모든 삶 가운데 성령님의 임재가 담겨지기를 원합니다. 나를 성전 삼고 계신 성령님의 충만이 머리부터 발끝까지 가득 채워지기를 원합니다. 한순간도 성령님과 분리될 수 없는 동행의 삶을 살기를 원합니다. 성령님의 통치 안에서 오직 그분의 임재만을 원합니다. 이는 나만의 소원이 아니요, 진정한 그리스도인이라면 모두의 소원일 것입니다.

과연 어떻게 할 때 성령님의 통치가 강화될까요?[24] 동행의 삶을 살아낼 수 있을까요?

---

24 성령의 통치를 강화시키는 6단계 영적원리
 1) 환영 2) 인식 3) 인정 4) 동의 5) 순종 6) 통치

무엇보다도 가장 먼저 성령님을 환영해야 합니다. 성령님은 인격적인 하나님이십니다. 결코 우리의 의지를 무시하지 않으십니다. 기다려 주십니다. 마치 문고리가 없는 문 앞에서 '내가 네 안에 들어가기를 원한다. 문을 열어 다오'라고 말씀하시는 것과 같습니다. 우리가 의지를 가지고 예수님께 마음의 문을 열어 드려야 됩니다. 이것이 바로 환영입니다. 영접하는 것입니다.

반대로 악한 영은 비인격적입니다. 절대 물어보지 않습니다. 우리의 본성과 혼과 육체 안에 내재되어 있는 원죄를 자극합니다. 본성 안에 담긴 쾌락을 추구하게 만듭니다. 육체의 것들을 충동시켜서 사탄이 침투하기 좋은 틈새를 만듭니다. 지금도 사탄은 죄의 틈새를 타고 문을 부수고 들어와 우리 안에서 주인행세를 하고 있다는 것입니다.

그렇다면 어떻게 할 때 환영하는 것일까요?

"성령님 오소서. 더 충만히 채워 주시옵소서. 통치하여 주옵소서."

성령 충만을 구하고 찾아야 합니다. 사모해야 합니다. 성령님을 더욱 환영할 때 통치하시는 힘이 강화될 수 있습니다.

더 나아가 성령님을 인식하는 훈련을 해야 합니다. 내 안에 성령님이 내주해 계시다는 것을 늘 기억해야 합니다. 사실 우리는 성령님이 언제 들어오셨는지, 손님인지 주인인지도 알지 못한 채 살아

가고 있습니다. 주변을 둘러보아도 성령님과 동행하기 위해 자신의
삶을 통째로 바꿔 나가는 사람들이 그리 많지는 않습니다. 성령님
을 인식하는 삶이 무엇인지 잘 모르고 있다는 것입니다.

과연 성령님을 인식한다는 것이 어떤 의미일까요? 늘 기억하는
것입니다. 신뢰하는 것입니다. 성령님을 의지하며 묻는 것입니다.

"하나님의 뜻은 무엇입니까?"

"하나님, 이런 경우에는 이떻게 해야 하면 되지요?"

아침에 눈 뜨면 나와 동행하시는 성령님을 인식하는 것이 중요
합니다. 성령님을 손님에서 주인으로 바꿔 나가는 것입니다. 그러
한 과정 속에서 육적인 것들이 점진적으로 떨어져 나갑니다. 사탄
의 장악력이 약화됩니다. 내가 주인이었고 사탄이 주인이었다면 그
때부터 주인권이 바꿔지게 됩니다.

성령님을 인식하는 단계에서는 생각의 주파수를 맞춰 놓는 훈련
을 해야 합니다. 안타깝게도 우리는 태생부터 사탄에게 주파수가
맞춰져 있었습니다. 그 결과 사탄의 생각을 쉽게 받을 수밖에 없는
구조를 가지고 태어났습니다. 하나님의 생각보다 사탄의 생각이 더
쉽게 투영됩니다. 하나님의 생각은 내 생각과 다르기 때문입니다.
하나님의 생각은 비상식적이라고 느껴질 때가 많고 사탄이 투영한
생각은 상식적이라고 여겨지기 때문입니다. 사탄의 생각은 내 생각
과 욕망과 본성을 자극해 들어오기 때문입니다. 하나님의 생각을

따르게 된다면 내가 손해 볼 것 같고 내 본성과 딱 맞아 떨어지는 사탄의 생각을 선택하는 것이 현명하게 느껴지기 때문입니다.

놀라운 것은 성령님을 환영하고 인식하면서 주파수를 맞추기 시작한다면 영적인 변혁이 일어나게 됩니다. 쉽게 설명한다면 성령님을 인식하는 것은 하나님과 주파수를 맞추는 것이라고 설명드릴 수 있겠습니다. 그렇듯 맞춰진 주파수 안에서 하나님께서 말씀하시는 것입니다. 하나님의 음성이 들리기 시작합니다. 하나님의 말씀대로 살고자 하는 소원이 일어나게 됩니다. 하나님의 마음을 더 알고 싶은 갈망도 생겨납니다. 하나님의 소원이 우리의 마음에 부어짐으로 영적인 갈망이 커지게 되는 것입니다.

그때부터 하나님의 뜻에 순종하는 삶을 살고자 결단하게 됩니다. 성령의 충만함이 부어지므로 성령님의 통치하심이 강력해집니다. 상대적으로 사탄의 장악력이 약해지면서 자신의 음성을 투영하는 것에 제한을 받게 됩니다. 이에 질세라 사탄은 맹공격을 쏟아 붓습니다. 발악을 합니다.

성령님의 뜻과 말씀에 순종하고 동의하는 삶을 살기 시작할 때부터 우리 안에서 치열한 영적전쟁이 시작될 수 있다는 것입니다. 속사람이신 성령께서 역사하실 때 결국 자신은 쫓겨나갈 수밖에 없다는 것을 너무나 잘 알고 있기 때문입니다. 사탄이 가진 권세를 총동원하여 다시 자신에게 굴복하도록 이끌어 간다는 것입니다.

또한 성령님과 동행하는 삶을 위해 시간과 장소를 정하여 기다리는 훈련을 해야 합니다. 규칙적인 훈련으로서 말씀과 기도, 영성일기가 도움이 될 수 있습니다.

삶 속에서 성령님께 묻고 소통하는 방법을 체득하여 주파수를 맞추도록 훈련해야 합니다. 성령님께 여쭤보면 종종 다양한 방법으로 말씀하십니다. 하나님의 음성 듣기도 훈련을 통해 통로가 확장될 수 있습니다. 중요한 것은 성령님께 말을 걸거나 여쭤보는 이유입니다. 음성을 듣는 것 그 자체보다 목적이 더 중요합니다. 듣는 것에 포커스를 맞추거나 현상을 더욱 중시한다면 미혹을 당하기 쉽습니다.

우리는 성령님이 누구신지 제대로 알아야 합니다. 성령님의 일하심에 대해 인식해야 합니다. 성령께서 우리 안에 내주하셔서 행하시는 일에 대해 인정하고 동의해야 합니다. 성령께서 순종을 명령하실 때 그 말씀에 순복하는 삶을 살아내야 합니다. 그러한 삶을 살게 될 때 성령님께서 역사하시고 통치하시는 힘이 강력해질 것입니다. 큰 변혁이 일어날 것입니다. 하나님의 자녀의 권세를 누리며 살아갈 것입니다.

성령님과의 친밀한 교제를 중요시 여기는 하나님의 사람들이 일어나기를 소망해 봅니다. 동행의 삶을 통해 성령님의 임재가 흘러넘치는 하나님의 자녀들이 많아졌으면 참 좋겠습니다.

"무릇 하나님의 영으로 인도함을 받는 사람은 곧 하나님의
아들이라 너희는 다시 무서워하는 종의 영을 받지 아니하고
양자의 영을 받았으므로 우리가 아빠 아버지라고 부르짖느니
라"(롬 8:14-15)

사탄의 통치에서 성령님의 통치로 변화시키는 방법

성령님의 통치를 받는 사람과 사탄의 통치를 받고 있는 사람을
어떻게 분별할 수 있을까요?

무엇보다도 그 사람에게서 어떠한 인격이 드러나고 있는지로 분
별할 수 있습니다. 사탄이 통치하고 있다면 사탄의 악한 성품과 기
질이 여실히 드러날 것입니다. 사탄은 하나님을 대적하는 영입니
다. 교만한 영입니다. 죽이는 영입니다. 만약 사탄이 장악하고 있다
면 악한 기운이 나타날 수밖에 없다는 것입니다.

혹시 지금 분노를 쏟아내고 계십니까? 폭력을 행하고 계십니까?
술 취함으로 삶이 망가지고 있습니까? 방탕하십니까? 만약 중독에
빠져 계십니까? 하나님의 살아계심을 부인하며 하나님을 대적하고
계십니까?

만약 이러한 모습이 드러나고 있다면 사탄의 영향력 안에 있다

는 증거입니다. 우리가 지금 누구의 통치를 받고 있느냐에 따라 그에 따른 영향력을 받게 된다는 것입니다. 사탄의 악한 성품은 갈라디아서 5장 19절과 21절에 기록되어 있습니다. 육체의 것이라고 소개하고 있습니다.

> "육체의 일은 분명하니 곧 음행과 더러운 것과 호색과 우상숭배와 주술과 원수 맺는 것과 분쟁과 시기와 분냄과 당 짓는 것과 분열함과 이단과 투기와 술 취함과 방탕함과 또 그와 같은 것들이라 전에 너희에게 경계한 것 같이 경계하노니 이런 일을 하는 자들은 하나님의 나라를 유업으로 받지 못할 것이요"(갈 5:19-21)

음행과 더러운 것과 술 취함, 방탕함과 우상숭배와 같은 죄를 짓고 있다면 사탄의 통치권 안에 있다는 증거일 수도 있습니다. 그 상태라면 사탄이 쥐락펴락하며 영향력을 행사할 수도 있다는 것입니다. 안타깝게도 우리는 지금도 여전히 혈과 육으로 살아가고 있습니다. 사탄의 통치권 안에서 사탄의 성품을 드러내며 살아가고 있습니다. 사탄의 영향력을 받게 되면 될수록 사탄의 성품이 더욱 드러나게 됩니다.

인정하고 싶지는 않지만 우리는 본질상 진노의 자녀로 태어났습니다. 죄된 본성을 가지고 태어났습니다. 사탄의 성품이 원죄로 담겨진 채 태어났습니다. 우리의 태생적 신분이 마귀의 자식이기 때문입니다(요 8:44).

불행하게도 성령님의 통치권 안으로 들어가지 않는다면 우리는 지옥불로 떨어질 수밖에 없는 운명입니다. 사탄의 통치에서 벗어나지 않는다면 마귀가 자신의 나라인 지옥으로 끌고 가기 때문입니다(벧후 2:4). 두렵고 떨리는 일입니다.

그렇다면 어떻게 사탄의 통치에서 벗어날 수 있을까요? 어떻게 할 때 사탄의 종속에서 자유로워질 수 있을까요? 안타깝게도 사람의 힘으로는 불가능합니다. 다른 방법이 없습니다. 오직 하나님의 영으로만 가능합니다. 성령님께서 내주하실 때에만 가능합니다.

감사하게도 우리가 사탄의 통치를 받고 있다 할지라도 예수님을 영접하여 성령이 내주하신다면 그때부터 엄청난 영적인 변혁이 일어납니다. 성령께서 육체의 것들을 끊어내시며 새로운 피조물로 빚어 가십니다(고후 5:17). 성령님의 통치가 강화되면서 성화[25]의 작업을 시작하십니다.

성화는 사탄의 통치로 인해 죄의 본성 안에서 살아왔던 우리가

---

25 성화(sanctification) : 예수님을 믿는 성도가 인생을 살면서 삶이 거룩하게 되어가는 과정이나 행위를 말합니다. 사람의 능력이 아니라 하나님의 힘을 통하여 성결하게 되는 것입니다. 현재 성화되는 삶을 살고자 몸부림 치고 있다면 큰 은혜입니다. 하나님의 선물이며 축복입니다.

하나님의 자녀의 형상으로 빚어져 가는 여정입니다. 성화는 고난 속에서 이루어집니다. 연단과 훈련 속에서 성화되어 거룩해집니다. 더욱 경건해집니다. 성화의 삶이 시작될 때 성령님과의 동행의 삶도 시작될 수 있습니다. 성령님의 통치가 더욱 강화되기 시작합니다.

그런데 성령의 통치함을 받을 때부터 고난에 직면할 수 있다는 것도 염두에 두셔야 합니다. 죄에 본성에 따라 살아왔던 삶이 성령님의 통치 안에서 운행되어질 때 고난의 모습으로 나타날 수도 있습니다. 내 맘대로 내 뜻대로 때때로 마귀가 주는 쾌락 안에서 살아왔던 삶을 정리해야 하기 때문입니다.

사실 우리는 그동안 죄가 주는 쾌락에 잠식되어 살고 있었습니다. 세상으로부터 마귀로부터 받는 쾌락에 빠져 있었습니다. 우리의 몸 구석구석에 탐욕과 정욕과 이생의 자랑이 흡착되어 있었습니다. 마귀가 육체의 정욕과 탐욕과 성공과 명예를 추구하도록 충동질하며 쾌락을 쏟아 부어 주었습니다. 이러한 것들은 하나님의 관점에서는 죄이지만 사람의 관점에서는 행복을 가늠하는 척도였다는 것입니다.

성령이 내주하시기 전에는 죄의 본성에 동의하는 삶을 살았습니다. 죄와 타협하고자 하는 본능이 있었습니다. 사탄이 귀신같이 알고 생각을 통해 본능을 자극하곤 했습니다.

"너 바보니? 네가 하고 싶은 대로 해! 네 맘대로 해!"

"다른 사람들도 다 이렇게 살잖아! 나만 죄 짓는 거 아닌데, 뭘.."

마귀가 주는 생각을 받음으로 죄에 대해 무뎌지게 합니다. 양심에 화인을 맞게 합니다. 우리 안에 담겨진 원죄의 본성을 자극하면서 성령의 통치의 법에 따르지 못하도록 끌고 간다는 것입니다.

그러나 성령이 내주하면서부터는 마귀로부터 기인된 쾌락을 끊어내는 성령님의 통치가 시작됩니다. 부정의 방법으로 재물을 취했다면 다 내려놓아야 할지도 모릅니다. 음란과 간음을 통한 쾌락을 탐닉했다면 포기해야 할지도 모릅니다. 성령께서 죄에 대해 민감하게 하시며 인식하게 하십니다. 죄가 무엇인지, 의가 무엇인지, 심판이 어떤 것인지를 깨닫게 하시며 삶을 정화시켜 나가신다는 것입니다.

그때부터 본격적인 전쟁이 시작됩니다. 성령께서 임하셔서 희락과 감격으로 끌고 가시지만 죄된 본성과 사탄의 종속이 아직 끊어지지 않았기에 영적인 전쟁이 일어나는 것입니다. 뼈 속 깊숙이 내재되어 있는 육체의 정욕과 쾌락의 흔적으로 인해 죄를 단번에 끊어낼 수 없기 때문입니다. 이것이 바로 속사람과 겉사람과의 전쟁입니다(고후 4:16). 성령님이 통치하느냐 사탄이 통치하느냐를 두고 치열한 영적인 전쟁이 일어나는 것입니다.

무엇보다도 사탄의 통치에서 성령님의 통치가 일어나기 위해서는 내가 죽는 수밖에 없습니다. 자아를 버리는 수밖에 없습니다. 내가 그리스도와 함께 십자가에 못 박혀 죽을 때 비로소 성령님이 역사하실 수 있습니다(갈 2:20). 통치하실 수 있다는 것입니다. 문제는 본성상 자신을 쉽게 내려놓지 못한다는 것입니다. 죽으려 하지 않습니다.

사탄의 통치 안에 있는 사람은 '내가' 다 할 수 있다고 말합니다. 자기 의를 드러냅니다. 마귀는 지금도 '선악과를 먹고 하나님처럼 되라'고 부추기고 있습니다. '너희가 그것을 먹는 날에는 너희 눈이 밝아져 하나님과 같이 되리라'고 현혹하고 있습니다(창 3:5). 하나님의 나라가 아니라 자기의 나라와 의를 추구합니다. 아직 자신이 죽지 않았기에 자신을 돌보이며 과시합니다. 교만을 마음에 계속적으로 주입하고 있습니다. 제아무리 천사라 할지라도 교만해진다면 타락한 천사, 즉 마귀가 되고 마는 것입니다.

그럼에도 불구하고 하나님께서는 사탄의 통치에서 성령님의 통치 안으로 끌어오기 위해 다양한 방법을 사용하신다는 것입니다. 때때로 정신이 번쩍 들도록 혹독하게 다루십니다. 징계와 심판이라는 카드를 사용하기도 하십니다. 은혜를 쏟아 부어주심으로 하나님의 살아계심을 느끼게도 하십니다. 순종을 요구하기도 하십니다. 각 개인별 맞춤 방법을 통해 성령께서 주도하시며 인도해 가십니다. 자신을 더 내려놓을 수 있도록 친히 견인해 가시는 것입니다. 나를 비우고 하나님의 성령으로 채우시기 위해 쉬지도 먹지도 아니하시며 일하시고 계십니다.

감사한 것은 우리의 자아가 죽는 것도 오로지 하나님의 은혜로만 가능하다는 것입니다. 지금도 그 은혜를 쏟아 붓고 계십니다. 하나님 안에서의 사는 목적을 찾을 때 성령님의 통치가 강화되어 나갈 것입니다.

"내가 그리스도와 함께 십자가에 못 박혔나니 그런즉 이제는 내가 사는 것이 아니요 내 안에 그리스도께서 사시는 것이라 이제 내가 육체 가운데 사는 것은 나를 사랑하사 나를 위하여 자기 자신을 버리신 하나님의 아들을 믿는 믿음 안에서 사는 것이라"(갈 2:20)

순종과 불순종의 전쟁에서 승리하는 비결

그동안 멕시코 선교사로 살아가면서 순종의 훈련을 참 많이도 받았습니다. 나의 거칠고 모난 부분을 다루기 위한 훈련이었다고 믿습니다. 때때로 감당하기 어려운 순종을 요구하기도 하셨습니다. 무엇보다도 영적으로 문제가 있는 영혼들을 섬기며 돌보는 사역에 순종을 요구하셨습니다.

"내 종아, 고아들을 먹이라. 마약중독자를 섬기라. 귀신 들린 자를 위해 기도하라."

사실 귀신이 들려 발작을 하는 누군가를 교회에 들여 치유사역을 하는 것이 쉽지는 않았습니다. 치유사역을 전문으로 하는 기도원이 아니었기 때문입니다.

'나는 선교사인데 왜 굳이 그런 사역을 해야 해'라는 생각으로 가득 차 있었습니다. 지금은 순종을 요구하셨던 하나님의 뜻과 계획을 정확히 깨닫고 있습니다. 마약중독자와 고아들을 치유하는 엄마로서의 사명을 주기 위한 훈련이었던 것입니다. 그러나 그때는 순종을 요구하시는 하나님의 뜻이 버겁게 느껴져 순종하고 싶지 않은 마음이 있었던 것입니다. 어쩌면 지금 누군가도 '순종하라'는 하나님의 말씀을 거룩한 부담감으로 받고 계신지도 모르겠습니다. 예전의 저처럼 말입니다.

그런데 왜 그토록 하나님께서 순종을 요구하시는 것일까요?[26]

---

26 순종의 3가지 종류
　　1) 자신이 인정하는 순종 (자기 중심적 순종)
　　2) 사람들이 인정해 주는 순종 (다른 사람 중심적 순종)
　　3) 하나님이 인정하시는 순종 (하나님 중심적 순종)

바로 순종을 통해 우리의 믿음이 참인지 거짓인지를 시험받게 되기 때문입니다. 순종은 우리의 믿음이 하나님의 시험대로 올려지는 것을 의미합니다. 하나님과의 친밀함을 향상시켜 줍니다. 우리의 믿음을 성숙시켜 줍니다. 순종의 훈련을 하면 할수록 성숙한 인격으로 변화됩니다. 성령님을 모실 수 있는 거룩한 성전으로 변모되어 나갑니다. 사탄의 통치에서 성령님의 통치로 바뀔 수 있습니다. 그런 연유로 성령님과 동행하는 삶을 살기를 원한다면 반드시 순종해야 합니다.

문제는 끝까지 순종하기가 쉽지 않다는 것입니다. 어느 순간 자기의 소견대로 행동하고 싶어지기 때문입니다. 희생이 따르는 일을 순종하라 하시면 성령님의 음성이 아니라고 변명하게 됩니다. 실패나 희생을 두려워한 나머지 순종할 수 없게 됩니다. 그렇게 될 때 하나님과의 관계도 멀어지고 어느 순간 성령님의 음성도 잘 들리지 않게 됩니다. 순종하면 성령님의 음성이 잘 들리고 순종하지 않으면 더 이상 말씀하시지 않기 때문입니다. 순종은 이렇듯 하나님과의 관계를 회복시키기도 단절시키기도 합니다. 만약 성령님의 음성을 듣고 순종하기 시작한다면 우리의 영은 가속도를 내며 성장하기 시작합니다. 성령님의 음성을 듣는 통로도 확장됩니다.

예를 하나 들어 보겠습니다. 나를 배신한 어떤 사람이 미워 도저히 견딜 수가 없습니다. 그 사람을 생각하면 할수록 분노가 치밀어

오릅니다.

"아니! 어떻게 나에게 그럴 수 있어!"

"내가 그 사람한테 얼마나 잘해 줬는데…"

만약 분노를 가지고 있는 분이 크리스천이라면 여러 가지 통로를 통해 성령님께서 음성을 전하실 것입니다.

"분을 내어도 죄를 짓지 말며 해가 지도록 분을 품지 말고 마귀에게 틈을 주지 말라"(엡 4:26-27)

"그를 일곱 번씩 일흔 번까지라도 용서해 주거라"(마 18:22)

누군가로부터 치명적인 상처를 받게 된다면 우리의 겉사람인 혼과 육은 배신감 때문에 분노가 치밀어 오르게 됩니다. 도저히 용서할 수 없습니다. 하지만 속사람이신 성령님께서는 환경을 통해, 레마의 말씀을 통해, 혹은 다른 사람을 통해 계속적으로 용서하라는 하나님의 뜻을 전하십니다. 이때부터 속사람과 겉사람의 전쟁이 시작됩니다. 순종할 것인가 불순종할 것인가를 두고 치열한 영적전쟁이 일어나는 것이지요.

그런데 만약 이러한 영적전쟁에서 불순종의 영이 승리하게 된다면 어떻게 될까요?

"내 눈에 흙이 들어가더라도 절대 그 인간을 용서할 수 없어!"

시간이 흐르면 흐를수록 미움과 분노의 강도가 강해질 것입니다. 혼의 생각과 육체의 소욕이 그를 더욱 강하게 통치해 나갈 것입니다. 용서하라는 성령님의 말씀에 순종하지 않은 결과 사탄은 자신의 영향력을 발휘하기 시작합니다. 미움과 분노라는 죄의 틈새로 비집고 들어온 악한 영들이 주인 행세를 하며 통치하기 시작합니다. 가장 큰 문제는 성령님께서 죄와 함께 거하실 수 없기에 근심하시며 급기야 소멸되실 수도 있다는 것입니다.

반대로 성령님의 음성을 듣고 순종하기로 결단했다면 어떻게 될까요?

아마도 고통 속에서 하나님께 이렇게 하소연할 것입니다.

"그 인간이 저에게 어떻게 했는지 하나님이 더 잘 아시지 않습니까? 그러나 하나님께서 용서하라 하시기에 말씀에 의지하여 그를 용서합니다. 순종합니다. 그를 향한 분노를 하나님 앞에 내려놓습니다."

만약 이러한 순종을 했다면 우리의 속사람이 더욱 강건해집니다. 그 결과 불순종의 영의 역사는 작아지고 상대적으로 성령님의 영향력은 더 커지게 됩니다. 그때부터 우리 안에서 성령님께서 더 역동적으로 일하시게 됩니다. 성령님의 통치가 강화됩니다.

하나님께서는 여러 가지 목적으로 지금 우리에게 순종을 요구하고 계십니다. 순종할 때 성령님의 통치가 강해지고 동행의 삶이 시작될 수 있기 때문입니다. 지금부터는 순종을 요구하시는 이유에 대해 살펴보겠습니다.

첫째, 순종은 영적으로 성장하게 만드는 열쇠입니다. 하나님께서 '내 생각은 너희 생각과 다르며 내 길은 너희 길과 다르다'라고 말씀하셨습니다(사 55:8). 때로는 하나님의 때와 우리의 때가 다를 수 있습니다. 그럼에도 불구하고 하나님의 뜻에 따르기 위해 하나하나 내려놓고 순종해 나간다면 영적으로 성장하게 됩니다. 믿음이 성장할 수밖에 없습니다. 믿음의 성숙이 일어난다면 그 어떠한 상황과 조건 속에서도 하나님의 말씀에 더욱 순종할 수 있게 됩니다. 그때부터 하나님께서는 더욱 강력히 역사하시기 시작합니다.

둘째, 순종은 성령님의 역사와 우리의 영을 강건하게 만드는 원동력입니다. 우리의 속사람이 강건해지는 만큼 영으로부터 흘러나오는 성령님의 음성은 더욱 선명해집니다. 순종을 통해 우리의 혼과 육이 복종되어지므로 그토록 순종을 요구하시는 것입니다.

셋째, 순종을 통해 성령님의 음성을 듣는 통로가 확장될 수 있습니다. 순종은 인격적인 하나님과 소통할 수 있는 척도입니다. 만약 더 깊은 영역에서 하나님의 음성을 듣기 원하신다면 순종을 훈련해야 합니다. 하나님의 말씀이 심령에 닿았다면 자신을 쳐서 복종시켜야 합니다. 하나님의 음성을 들었다면 순종하고자 몸부림쳐야 합니다. 순종은 하나님의 음성의 통로를 확장하는데 지대한 역할을 하기 때문입니다.

마지막으로 하나님의 음성에 순종하며 사명을 감당한다면 놀라운 사역들이 펼쳐질 수 있습니다. 성령님께서 사역의 주체로서 일하시기 때문에 당연히 사역의 열매도 아름답게 맺혀지게 됩니다.

기억해야 할 것은 순종하고 싶은 마음도 하나님께 선물로 받아야 한다는 것입니다. 육체의 소욕과 정욕이 있기 때문에 우리는 자발적으로 순종할 수 없습니다. 순종하고픈 마음을 선물로 주실 때 순종할 수 있다는 것입니다. 성령님께서 자기의 기쁘신 뜻을 위하여 소원을 두고 순종하게 하시는 것입니다(빌 2:13). 이것이 바로 하나님께서 가장 기뻐하시는 순종입니다. 순종과 불순종의 영적전쟁에서 승리한 열매입니다. 속사람과 겉사람의 치열한 전쟁에서 승리한 결과입니다.

무엇보다도 지금 우리가 누구와 싸워야 하는지를 인식하고 있어야 합니다. 어떻게 할 때 영적세계에서 패배하지 않는지, 속사람과 겉사람의 전쟁에 대한 실전도 체험해야 합니다. 좀 더 확장된 영역에서 영적세계와 전쟁을 이해해야 합니다. 우는 사자처럼 삼킬 자를 찾아 헤매는 악한 영들이 공격하고 있기 때문입니다. 우리의 겉사람의 기질들을 충동하며 하나님을 떠나도록 종용하고 있기 때문입니다. 보이지 않기에 자칫 방심했다가는 전쟁에서 패배할 수도 있기 때문입니다.

지금부터는 사탄의 조직과 악한 영이 장악하는 수법 등 더 깊은 영역에서 영적세계와 영적전쟁에 대해 상세히 다루어 보도록 하겠습니다.

"너희 안에서 행하시는 이는 하나님이시니 자기의 기쁘신 뜻
을 위하여 너희에게 소원을 두고 행하게 하시나니 모든 일을
원망과 시비가 없이 하라"(빌 2:13-14)

우리는 지금 누구와 싸워야 하는가?

지피지기면 백전백승이라는 말이 있습니다. 적을 알고 나를 알
면 백번을 싸워도 승리한다는 의미입니다. 불행하게도 우리는 그동
안 누구와 싸워야 하는지 몰랐습니다. 누가 적군인지 아군인지조차
잘 알지 못했습니다. 영적인 세계를 분별하지 못했기에 백전백패를
당했습니다.[27] 비참한 현실입니다.

바야흐로 지금은 성령의 시대입니다. 영적전쟁에 승리할 수 있
는 유일한 길은 성령님의 강력한 통치를 받는 것입니다. 성령님의

---

27 보이지 않는 세계를 분별하는 방법
　　1) 성령님을 통한 분별 (고전 2:13)
　　2) 성경을 통한 분별 (히 4:12)
　　3) 영적인 체험을 통한 분별 (고전 2:13)
　　4) 성령의 영분별의 은사를 통한 분별 (고전 12:10)

능력으로 보이지 않는 영적인 세계를 분별하고 악한 영들을 파쇄할 수 있다면 승리한 싸움이나 진배없습니다. 성령님께서 진두지휘하시며 영적전쟁을 주도하고 계시기 때문입니다. 영적인 세계에서 승리한다면 보이는 세계는 변화될 수밖에 없기 때문입니다.

우리의 씨름은 눈에 보이는 혈과 육을 상대하는 것이 아닙니다. 사람과 대항하여 싸우는 것도 아닙니다. 악한 영들을 대항하여 싸우는 영적인 전쟁인 것입니다. 보이지 않는 세계에서 악한 영들을 대적하며 싸워나가는 것입니다.

생각을 통해 공격해 들어오는 어둠을 대적하며 생각을 쳐내는 씨름을 해야 합니다. 악한 영들이 투영한 생각이 마음으로 내려오지 않도록 몸부림쳐야 하는 씨름입니다. 음란한 생각이 올라올 때 하나님의 말씀대로 살아내고자 씨름하는 것입니다. 재물에 대한 탐욕이 올라와 돈이 전부인 것처럼 느껴질 때 그 생각을 쳐내며 싸워나가야 하는 것입니다. 다른 사람들이 정죄하고 판단할 때 그들과 똑같이 복수하고 싶은 마음이 올라온다 할지라도 악을 악으로 갚지 않고 악을 선으로 갚기 위해 견뎌내는 것입니다.

많은 신실한 성도들이 용기가 없어 용납하고 용서하는 것이 아닙니다. 사람들이 정죄하며 판단할 때 할 말이 없어서 묵묵히 있는 것이 아닙니다. 용서할 때 살고 복수할 때 죽는다는 진리를 알고 있기 때문입니다. 이러한 씨름을 통해 영적인 보호막이 쳐져 그 어떤 악한 영도 공격해 들어올 수 없다는 것을 알고 있기 때문입니다.

어쩌면 하나님의 말씀대로 살아가는 것이 참으로 고단할지도 모릅니다. 내가 하고 싶은 대로 내 생각대로 살고자 하는 습성이 이미 몸에 배어 있기 때문입니다. 하나님의 말씀은 언제나 우리의 삶의 모습과 부딪치기 때문입니다. 하지만 오직 하나님만을 신뢰하며 씨름하기 시작한다면 반드시 영적으로 성장할 것입니다. 악한 영들과의 전쟁에서 승리할 때마다 하나님께서 쓰시기에 합당한 그릇으로 빚어져 갈 것입니다. 영적전쟁의 능한 용사가 되어 하나님의 군대로 쓰임 받을 것입니다. 영적용사는 적의 과녁을 제대로 맞출 수 있는 영권을 가진 하나님의 정예부대입니다. 자신이 싸워야 할 대상을 정확하게 알고 있는 군사입니다.

이제 마지막 시대에 사탄과의 전쟁이 남아 있습니다. 현재 사탄은 이 세상의 신으로서 세상을 장악하며 환경을 주도해 나가고 있습니다. 자신에게 경배하라고 외쳐대고 있습니다. 개인적인 문제들을 일으키며 한 인생을 파멸시킬 수도 있는 권세가 있습니다. 사탄을 결코 호락호락하게 보아서는 안됩니다. 막강한 권세를 휘두르며 이 세상을 쥐락펴락하고 있기 때문입니다. 하지만 하나님의 피조물에 불과한 사탄이 창조 때부터 이러한 권세를 가졌던 것은 아닙니다.[28]

"그런데 뱀은 여호와 하나님이 지으신 들짐승 중에 가장 간
교하니라 뱀이 여자에게 물어 이르되 이르되 하나님이 참으
로 너희에게 동산 모든 나무의 열매를 먹지 말라 하시더냐"
(창 3:1)

창세기 3장에 등장했던 사탄은 하와를 유혹하는 뱀에 불과했습
니다. 그런데 문제가 발생했습니다. 사탄이 하와를 유혹하기 시작
했던 것입니다.

"하나님이 정말로 동산 안의 어떤 나무도 먹지 말라고 하시더
냐?"(창 3:1)

하와가 뱀에게 대답했습니다.

"우리는 동산 안에 있는 나무의 열매를 먹을 수 있어. 하지만 하
나님께서는 동산 한 가운데 있는 나무의 열매는 먹지도 말고 만지
지도 말라. 그렇지 않으면 너희가 죽을지도 모른다고 말씀하셨어."
(창 3:2-3)

그러자 뱀이 간교한 웃음을 띠며 충동질을 했습니다.

"너희는 죽지 않아. 하나님은 너희가 그 나무 열매를 먹고 눈이

---

28 사탄의 과거/현재/미래의 모습
  1) 사탄의 과거의 모습 (유혹하는 자, 창 3:1)
  2) 사탄의 현재의 모습 (이 세상의 신, 고후 4:4)
  3) 사탄의 미래(마지막 때)의 모습 (지배자/핍박자, 계 13:2, 계 13:7-8)

밝아지면 선과 악을 알게 되어 하나님과 같이 될까봐 그렇게 말씀 하신 거야!"(창 3:4-5)

아담과 하와는 하나님과 같이 되고 싶었습니다. 하나님의 소유 라고 선포한 선악과를 먹고 싶은 욕망에 사로잡혔습니다. 결국 그 들은 선악과를 따먹는 죄를 저질렀습니다. 아담과 하와에게 죄가 투입되면서부터 하나님과의 관계도 서서히 단절되기 시작했습니 다. 하나님은 거룩하신 분이시기에 죄를 지은 아담을 더 이상 에덴 동산에 두실 수가 없으셨습니다. 그들을 세상으로 쫓아낼 수밖에 없으셨습니다. 그들은 더 이상 하나님과 동행할 수 없게 되었습니 다.

세상에 나온 아담과 그의 후에 역시도 죄와 타협함으로 말미암 아 모든 권세를 사탄에게 넘겨주었습니다. 죄가 죄를 낳고 또 그 죄 가 죄를 잉태하여 더 이상 선한 것이라고는 찾아 볼 수 없게 되었습 니다. 사탄이 뿌려놓은 죄를 흡수하고 사랑하게 되면서 결국 사탄 이 이 세상의 주권자가 되어 버렸습니다.

물론 예수님께서 십자가에서 대속사역을 완성하심으로 사탄에 게 빼앗겼던 모든 권세는 탈환되었습니다. 그럼에도 불구하고 여전 히 죄 안에 거하고 있다면 그 죄성을 통해 사탄에게 막강한 권세와 힘을 부어 주게 됩니다. 사탄은 악의 결정체이므로 우리의 죄성을 통해 나타나는 악한 행동들에 의해 에너지를 흡수하여 이 세상의 신으로서 권세를 잡고 활동할 수 있는 것입니다.

예를 들어 제사나 우상숭배의 행위들이 사탄에게 에너지를 제공하는 근원이 됩니다. 전쟁, 살인, 폭력, 중독, 다툼, 시기, 음란, 불순종과 같은 죄를 계속 짓게 된다면 사탄에게 권세를 쏟아 부어 주는 것과 진배없습니다. 그 결과 창세기에 뱀으로 등장했던 사탄은 요한계시록에 이르러서는 어느새 용으로 부상하게 되었습니다. 명실상부, 이 세상의 신이 되어버린 것입니다.

이제 마지막 시대에 사탄과의 영적전쟁이 남아 있습니다. 하지만 용으로 부상한 사탄과 전쟁을 하기에는 지금 역부족입니다. 왜냐하면 지금 이 시대는 요한계시록 12장 12절이 성취되고 있는 때이기 때문입니다.

"그러므로 하늘과 그 가운데에 거하는 자들은 즐거워하라 그러나 땅과 바다는 화있을진저 이는 마귀가 자기의 때가 얼마 남지 않은 줄을 알므로 크게 분내어 너희에게 내려갔음이라"

(계 12:12)

그런데 지금 이 마지막 때에 왜 이렇듯 사탄의 권세가 더욱 막강해졌을까요?

마지막 때가 얼마 남지 않음을 안 사탄은 크게 분내어 지옥에서 파송되고 있습니다. 머리끝까지 화가 난 사탄이 교회를 잠식해 나가고 죄의 틈새가 열려져 있는 성도들을 공격해 들어올 것입니다. 사탄은 현재 교회 안에 시기, 질투, 분쟁, 다툼, 이간질, 음란의 영들을 강력하게 풀어대고 있습니다.

사실 사탄은 불신자들은 잘 공격하지 않습니다. 그들은 이미 잡아놓은 물고기이기에 잘 건드리지 않습니다. 불신자들에게 이 세상의 재물과 명예와 성공을 주면서 오히려 밥을 주고 있는 것입니다. 죄악의 향락 속에 빠지게 한 후 지옥으로 끌고 가기 위해 자신의 권세를 더 뿌려대고 있다는 것입니다.

지금은 강력한 영적전쟁을 수행해야 할 때입니다. 설령 사탄이 난리를 치고 공격해 들어온다 할지라도 염려하지 마십시오. 하나님께만 주파수를 맞춰 놓는다면 반드시 하나님께서 견인하시며 인도해 나가실 것입니다. 무엇보다도 죄와의 싸움을 시작하십시오. 성령님을 더욱 의지하십시오. 그리한다면 사탄은 우리를 공격하지 못하며 오히려 피할 것입니다. 영적전쟁에 능한 용사로 더욱 강력히 우리를 사용하실 것입니다.

"근신하여 깨어라 너희 대적 마귀가 우는 사자 같이 두루 다니며 삼킬 자를 찾나니 너희는 믿음을 굳건하게 하여 그를 대적하라 이는 세상에 있는 너희 형제들도 동일한 고난을 당하는 줄을 앎이라"(벧전 5:8-9)

사탄의 조직과 영적전쟁에서 승리하는 방법

보이는 세계는 보이지 않는 세계에서 일어나는 현상의 결과일 뿐입니다. 성령님의 능력으로 영적인 세계에서 승리하게 된다면 보이는 세계는 변화되게 되어 있습니다. 하나님의 용사였던 사도 바울은 우리가 누구와 싸워야 하는지에 대해 정확히 알고 있었습니다.

"우리의 씨름은 혈과 육을 상대하는 것이 아니요, 통치자들과 권세들과 이 어둠의 세상 주관자들과 하늘에 있는 악의 영들을 상대함이라"(엡 6:12)

혈과 육, 즉 사람을 상대하는 것이 아니요, 악한 영들을 대항하여 싸우는 영적인 전쟁이라고 밝히고 있습니다.

또한 사도 바울은 사탄의 조직과 체계를 정확히 알고 있었습니다. 사탄의 조직은 '통치자들, 권세들, 이 어둠의 세상 주관자들, 하늘에 있는 악의 영들'로 분류할 수 있습니다. 루시퍼를 정점으로 군대와 같이 조직적인 체계로 움직이고 있습니다. 사탄의 조직과 체계에 대해 정확히 파악하고 있는 것이 매우 중요합니다.

사탄의 조직 가운데 최상급의 위치에 있는 악한 영들이 바로 통치자들의 영입니다. 통치자의 영은 '나라나 권력이나 정치적 배후를 조종하고 통치하는 일'을 담당합니다. 당대의 독재자들 속에서 역사하는 영입니다. 통치자의 영이 역사하면 민족전체를 학살하는 큰 만행을 저지르게 하기도 합니다. 히틀러처럼 말입니다.

두 번째는 권세들입니다. 권세들은 '어떤 지역이나 조직을 장악하고 다스리는 사탄의 세력'을 말합니다. 어떤 도시나 지역, 조직이나 단체를 장악하고 지배하는 영들을 말합니다. 라스베가스를 떠올리면 도박, 샌프란시스코하면 동성애가 떠오릅니다. 이미 권세들에 의해 도시가 장악되어 있기 때문에 그 지역에 가면 도박을 하고 싶고, 음란하고 싶고, 동성애를 하고 싶은 충동에 휩싸이게 되는 것입니다. 악한 영들이 뿌려놓은 기운을 흡수하게 되므로 쉽게 죄속으로 빨려 들어가게 됩니다. 그런 연유로 그러한 지역이나 장소에 갈 때에는 반드시 예수님의 보혈로 덮어야 합니다.

세 번째는 '어둠의 세상 주관자들'입니다. 특정한 나라나 지역, 조직이나 단체를 집중 공격하는 권세들과 다르게 각 개인을 타락시키는 일을 수행합니다. 주로 이 세상에서 어둠을 조성하는 세력들로서 문화, 종교, 철학, 사상 등을 장악하며 지배합니다. 각종 미신, 사상, 세상 풍조, 이데올로기, 오락, 미디어, 학문 등의 분야에서 세상을 혼미케 하고 미혹케 하는 역할을 담당합니다. 진화론이 그 대표적인 예라고 설명할 수 있겠습니다. 마법사, 주술가, 무당 등이 이러한 영에게 통치 당하고 있기 때문에 점을 칠 수 있는 것입니다. 이러한 종류의 영들이 빠져 나가면 점을 치지 못합니다. 그들은 악한 영들이 가르쳐준 대로 과거와 현재를 맞추게 됩니다. 참고로 점쟁이나 무당은 과거와 현재를 정확히 알아맞히기도 합니다. 물론 강력한 점치는 영이 들어가야 되겠지만요. 하지만 미래는 맞추지 못합니다. 우리의 미래와 생명은 오직 하나님의 주권 안에서 움직이기 때문입니다. 점을 보러 다니는 사람은 점쟁이나 무당이 자신의 과거와 현재를 맞추면 미래도 그렇게 될 것이라고 믿고 굿을 하거나 점쟁이의 말대로 움직여 나가는 것입니다.

마지막으로 '하늘에 있는 악한 영들'입니다. 우리가 흔히 말하는 귀신들로서 직접적으로 사람들에게 해를 가하는 존재입니다. 사람들 속에 들어와 잠식하고 통치하여 만신창이로 만들 수도 있습니다. 마가복음 9장에 나오는 귀신들린 어린아이처럼 말입니다. 마가복음 5장에 나오는 거라사 광인처럼 말입니다. 이 귀신들은 기질상 다양한 이름으로 불릴 수 있습니다. 미움의 영, 분노의 영, 질병의 영, 음란의 영, 불신의 영, 자살의 영, 살인의 영, 무기력의 영 등 귀신이 가지고 있는 기질과 속성에 따라 이름을 명명할 수 있겠습니다.

실제로 영적인 세계는 아는 만큼 승리할 수 있습니다. 경험한 만큼 강한 용사가 될 수 있습니다. 우리는 사탄의 세력을 뚫고 하나님의 세계로 들어가는 영적전쟁을 수행해야 합니다. 사탄의 견고한 진이 뚫릴 때야 비로소 하나님의 나라로 들어갈 수 있다는 것입니다.

기억해야 할 것은 우리는 하나님 나라의 자녀라는 것입니다. 우리에게는 예수 그리스도의 이름의 권세가 있습니다. 그 어떠한 순간에도 두려워하지 마십시오. 죄와 타협하지 마십시오. 피 흘리기까지 싸워 나가십시오. 예수님의 이름을 선포하십시오. 보혈을 의지하십시오. 그리할 때 하나님의 세계가 눈앞에 펼쳐질 것입니다. 하나님께서 친히 전신갑주를 입혀 주실 것입니다.

"너희가 주 안에서와 그 힘의 능력으로 강건하여지고 마귀의 간계를 능히 대적하기 위하여 하나님의 전신갑주를 입으라 우리의 씨름은 혈과 육을 상대하는 것이 아니요 통치자들과 권세들과 이 어둠의 세상 주관자들과 하늘에 있는 악의 영들을 상대함이라"(엡 6:10-12)

악한 영이 공격하는 유형과 특징

시대는 바뀌었지만 예전이나 지금이나 악한 영들이 하는 일이란 언제나 똑같습니다. 하나님을 대적합니다. 하나님의 자녀들을 넘어뜨리고 훼방합니다. 서로 불신하게 만들고 원망하게 만듭니다. 온갖 비방과 중상모략을 만들어 한 사람을 만신창이로 만들어 버립니다. 모처럼 마음먹고 기도하려는 사람에게 기도하지 못하도록 방해합니다. 악한 영들은 생각의 틈새를 교묘하게 비집고 들어와 시험하고 유혹합니다.

많은 사람들이 크리스천에게는 악한 영들이 근접하지 못한다고 생각하지만 결코 그렇지 않습니다. 악한 영들은 지금도 여전히 삼킬 자를 찾아 헤매고 다닙니다. 우리는 악한 영들의 전술전략을 익히 알고 대비하고 있어야 합니다. 까닭 없는 시험과 유혹이 찾아올 때 그것이 사탄의 공격이라는 것이 분별된다면 단호하게 대처하고 대적해야 합니다.

마태복음 4장에 보면 악한 영들이 예수님을 시험한 내용이 나옵니다. 예수님을 공격한 것을 보면 우리는 그들의 먹잇감이라는 것을 기억하셔야 합니다.

그런데 하나님이신 예수님께서 왜 성령에게 이끌려 광야에서 마귀에게 시험을 받으셔야만 했을까요?(마 4:1-2) 그 이유는 사탄에게 넘어간 이 세상의 권세를 찾아오셔야 했기 때문입니다. 이 세상을 다스릴 수 있는 권세를 인간이 죄를 선택하므로 사탄에게 넘겨주었습니다. 인간이 사탄의 유혹에 넘어가 죄를 짓기 시작하면서부터 사탄의 권세는 막강해졌습니다. 인간의 죄악이 커지면 커질수록 사탄의 권세는 더욱 강해졌고 종국에는 이 세상의 신으로 등극하게 되었습니다.

지금부터는 악한 영들이 공격하는 3가지 간교한 방법과 특징에 대해 함께 나눠보도록 하겠습니다.

첫째, 악한 영들은 인간의 약점을 비집고 들어와 공격한다는 특징이 있습니다.

누구에게나 약점은 다 있습니다. 다만 노출되지 않았을 뿐입니다. 어떤 사람은 돈에 약한가 하면 어떤 사람은 이성에 약한 사람이 있습니다. 어떤 사람은 사람의 인정에 약한가 하면 어떤 사람은 건강에 대해 전전긍긍하는 사람도 있습니다. 술이나 음란물에 약한 사람도 많습니다. 저마다의 약점과 연약한 부분이 있다는 것입니다. 악한 영들은 이러한 약점과 빈틈을 노리며 헤매고 다니다가 먹잇감이 있으면 바로 낚아채면서 공격하기 시작합니다. 죄된 생각을 투영하면서 다가오기 시작한다는 것입니다.

악한 영들은 예수님께도 동일한 공격을 가했습니다. 40일 동안 금식하여 굶주려 계신 예수님의 배고픔이라는 약점을 비집고 들어와 공격했습니다.

"네가 만일 하나님의 아들이어든 명하여 이 돌들로 떡덩이가 되게 하라"(마 4:3)

악한 영들은 돈에 약한 사람에게 불법의 돈을 보여주며 '다들 그렇게 사는데 뭐 어떠냐'고 합니다. '아무도 보는 사람이 없으니 그냥 집어넣으라'고 합니다. '다 네 것이니 가지라'고 합니다. '뭐 어떠냐 괜찮다'고 합니다. 탐욕이라는 약점이 있었던 가룟 유다에게 예수님을 팔 생각을 넣으며 공격했던 것처럼 말입니다.

우리가 어떠한 약점을 가지고 있는지 묵상해야 합니다. 이러한 약점과 불법의 행위들이 마귀에게 노출되어 공격받을 수 있다는 것을 기억해야 합니다. 아직 다루어지지 않은 죄와 허물이 있는지 성령님께 여쭈어 보십시오. 자신의 약점을 알고 있다면 성령님의 도움을 구하십시오. 오직 성령님만이 마귀의 시험과 유혹을 이겨낼 수 있는 능력이기 때문입니다.

두 번째 악한 영들은 때때로 하나님의 말씀을 인용하며 공격해 오기도 합니다.

성경을 그럴 듯하게 포장하여 미혹합니다. 성도들의 믿음을 흔들어 놓기 위해 하나님의 말씀을 악용합니다. 성경을 성령을 통해서가 아니라 지식으로 아는 이들을 통해 남을 판단하고 정죄하는 수단으로 사용하기도 합니다. 이단의 영에 속한 사람들이 그토록 성경에 해박하여 많은 이들을 교란시키고 있는 것처럼 말입니다. 성경에 능통했던 바리새인들이 예수님을 핍박하며 정죄하는 수단으로 하나님의 말씀을 사용했던 것처럼 말입니다.

광야에서 예수님을 시험했던 마귀도 성경을 인용하며 공격했습니다.

"네가 만일 하나님의 아들이어든 뛰어내리라 그가 너를 위하여 그의 사자들을 명하시리니 그들이 손으로 너를 받들어 발이 돌에 부딪치지 않게 하리로다"(마 4:6)

마귀가 예수님께 한 말은 시편 91편 11절과 12절을 인용한 말입니다. 엄밀히 따진다면 이 말씀은 하나님의 아들인가를 아닌가를 시험하기 위하여 기록한 말씀이 아닙니다. 어떠한 시련과 환란 가운데에서도 지켜주시고 보호하시겠다는 말씀입니다. 하나님께서 피난처가 되셔서 우리를 돌보신다는 말씀인 것입니다. 악한 영들은 이렇듯 하나님의 말씀을 교묘하게 해석하여 미혹시키며 공격해 들어옵니다.

기억하셔야 할 것은 성경을 인용한다고 해서 다 그리스도인은 아니라는 것입니다. 번쩍인다고 다 금이 아닌 것처럼 말입니다. 성경은 성령님을 통해 해석 받아야 하며 성경은 성경으로 풀어야 합니다. 성경을 자기 기준에서 해석하는 것은 매우 위험합니다. 성경을 남을 판단하고 정죄하는 잣대와 수단으로 악용하는 것은 절대 금물입니다. 성경은 자신을 돌아보는 거울이기 때문입니다. 하나님께서 자녀 각 개인에게 주시는 아버지의 편지이기 때문입니다.

마지막으로 악한 영들은 교묘하게 거짓말을 만들어 공격합니다.

악한 영들이 예수님께 던진 말 가운데 거짓말이 무엇이었을까요?

"만일 내게 엎드려 경배하면 이 모든 것을 네게 주리라"(마 4:8)

마태복음 4장 8절 말씀이 누가복음 4장 6절에는 이렇게 표현되어 있습니다.

"이 모든 권위와 그 영광을 내가 네게 주리라 이것은 내게 넘겨준 것이므로 내가 원하는 자에게 주노라"(눅 4:6)

전부 거짓말입니다. 사기입니다. 천하 만물이 언제부터 사탄의 소유였단 말입니까? 악한 영들은 지금도 거짓으로 유혹하고 공격하고 있습니다.

그런데 하나님께서 왜 이토록 사탄이 밀 까부르듯 공격하는 것을 허용하시는 것일까요? 바로 우리의 믿음을 시험하기 위해서입니다. 하나님께서 심판의 날까지 사탄의 공격과 유혹을 묵인하고 계신 것입니다. 추수 때까지 잠시 내버려 둔 것입니다. 가라지를 뽑다가 알곡까지 뽑힐까하여 함께 두신 것입니다. 예수님을 시험한 마귀는 죄의 틈새를 비집고 들어와 우리를 공격하고 있습니다. 시험하고 또 시험하고 유혹하다 안되겠다 싶으면 거짓말을 만들어 우리의 생각에 집어넣습니다. 생각을 통해, 환경을 통해, 사탄의 종노릇 하는 사람들을 통해 협박하기도 합니다. 이것이 바로 사탄의 간계한 계략이라는 것을 기억하셔야 합니다.

그렇다면 어떻게 악한 영들을 대적해야 할까요? 어떻게 악한 영의 침투를 막아낼 수 있을까요?[29]

예수님의 방법을 배워야 합니다. 예수님께서는 마귀를 향해 이렇게 명령하셨습니다.

"사탄아 썩 물러가라!"(마 4:10)

우리도 예수님처럼 명령해야 합니다.

"내가 나사렛 예수의 이름으로 명하노니 나의 약점을 공격하며 유혹하는 악한 영들아! 썩 물러가라!"

누구에게나 시험과 유혹은 다 있습니다. 하지만 누구의 반응을 보일 것이냐에 따라 결과는 다를 것입니다. 예수님처럼 말씀을 의지하여 대적하시겠습니까? 아니면 가롯 유다나 아나니아와 삽비라처럼 사탄의 공격에 무참히 무너지겠습니까? 예수님의 이름을 의지하여 대적하며 순종의 삶을 살아간다면 악한 영들의 공격에 넘어가지 않을 것입니다. 오히려 악한 영들이 두려워 떨며 일곱 길로 도망칠 것입니다.

"분을 내어도 죄를 짓지 말며 해가 지도록 분을 품지 말고 마

---

29 악한 영의 공격과 침투를 막아내는 방법
  1) 예수님의 이름으로 대적하라 (본인이 못한다면 주변의 사람들에게 도움을 요청하라)
  2) 거짓을 버리라, 죄에 동의하지 말라, 죄와 타협하지 말라
  3) 참된 것을 말하라, 혀로 죄를 짓지 말라
  4) 분을 내어도 죄를 짓지 말라, 죄와 피 흘리기까지 싸워라
  5) 악한 영이 침투할 수 있는 죄의 틈을 주지 말라

귀에게 틈을 주지 말라"(엡 4:26-27)

인간의 영혼육, 그 신비한 비밀

"평강의 하나님이 친히 너희를 온전히 거룩하게 하시고 또
너희의 온 영과 혼과 몸이 우리 주 예수 그리스도께서 강림
하실 때에 흠 없게 보전되기를 원하노라"(살전 5:23)

데살로니가전서 5장 23절에 사람이 영과 혼과 육의 구조로 구성
되어 있음이 기록되어 있습니다. 인간의 영혼육과 관련하여 참으로
이견이 많습니다. 주장하는 바도 각기 다릅니다. 대체적으로 삼분
설과 이분설로 나눠집니다. 삼분설은 인간이 영과 혼과 육으로 구
성되었다는 견해이며 이분설은 영혼과 육으로 이루어졌다는 견해
입니다. 지금 삼분설과 이분설의 어떠한 견해를 주장하는 것이 아
닙니다. 성경을 기반으로 인간의 영혼육의 구조와 비밀에 대해 함
께 나눠 보기를 원합니다. [30]

---

30 〈당신에게 예수님은 누구십니까?〉 에스더권 저자 203p-207p 참조

가장 먼저, 인간의 '영'(프뉴마, spirit)에 대해 살펴보겠습니다.

창세기 2장 7절에 '여호와 하나님이 땅의 흙으로 사람을 지으시고 생기를 그 코에 불어넣으시니 사람이 생령이 되니라'라고 기록되어 있습니다. 인간의 영은 이 '생기' 안에 포함되어 있습니다. 생기에는 인간의 영뿐만 아니라 혼까지 포함되어 있습니다.

그렇다면 인간의 영은 무엇으로 구성되어 있을까요? 하나님께서 인간을 창조하실 때 이렇게 말씀하셨습니다.

"우리의 형상을 따라 우리의 모양대로 우리가 사람을 만들자"(창 1:26)

인간에게 하나님의 신성과 인격을 불어 넣어 하나님의 형상대로 창조하셨습니다. 하나님께서는 또 말씀하셨습니다.

"그들로 바다의 물고기와 하늘의 새와 가축과 온 땅과 땅에 기는 모든 것을 다스리게 하자"(창 1:26)

"아담이 각 생물을 부르는 것이 곧 그 이름이 되었더라"(창 2:19)

아담에게 만물을 다스릴 수 있는 통치권을 주셨습니다. 아담이 부르는 것이 곧 그 이름이 되도록 하나님의 신성도 선물로 주셨습니다.

그렇다면 하나님의 인성과 신성을 어디에 숨겨 놓으셨을까요?

영일까요? 혼일까요? 아니면 육체일까요? 하나님께서는 우리의 '영'안에 하나님의 인성과 신성을 넣어 주셨습니다. 그래서 '영'을 하나님의 기관이라고 말하는 것입니다. 인간의 영은 하나님의 신성과 인성을 담은 그릇이며 하나님의 통치기관입니다. 우리의 영은 오직 성령님만이 내주하실 수 있는 성전입니다(고전 3:16). 성령님께서 내주하실 때만 우리의 영이 거듭남을 경험하면서 깨어나게 되는 것입니다.

만약 성령님께서 내주하시지 않는다면 우리의 영은 죽어있는 상태로 존재하게 됩니다. 그러한 상태로는 구원을 받지 못합니다. 구원은 예수님을 영접할 때 성령께서 내주하셔서 우리의 영이 깨어나는 것부터 시작됩니다. 우리의 영이 성령님을 통해 거듭나지 못한다면 구원을 받지도 천국에 들어갈 수도 없다는 것입니다.

그렇다면 '혼'은 무엇일까요?

창세기 2장 7절에 '하나님께서 흙으로 사람을 지으시고 생기를 그 코에 불어 넣어 사람이 생령이 되었다'라고 기록되어 있습니다. 이 생기 안에 사람의 영과 혼이 포함되어 있습니다. 이 생기 안에 들어 있는 혼으로 인간을 한 객체로서 구별합니다. 아담과 하와를 구분하고 너와 나를 구분하는 핵심이 바로 혼인 것입니다. 마치 사람이 태어나면 주민등록번호를 부여하고 그 번호로 구분하듯이 말입니다. 혼은 지.정.의, 즉 지성, 감정, 의지와 자유의지와 양심으로 구성되어 있습니다. 자유의지는 하고 싶은 것과 해서는 안 되는 것을 스스로 결정하는 권한입니다. 양심은 선을 행하고 악을 피하도록 유도하는 기관으로 자유의지를 통제하고 여과하는 기능이 있습니다. 하나님께서는 우리가 자유의지를 통해 선한 일들을 선택하며 살기를 원하셨던 것입니다. 자유의지를 통제하도록 양심을 혼 안에 넣어 주셨던 것입니다.

마지막으로 '육'은 무엇일까요?

육체는 혼의 통치를 받습니다. 인간의 혼이 의지를 가지고 육체를 움직이는 것입니다. 혼의 영역에서 '손을 올려라! 손을 내려라!' 하는 명령이 떨어지면 육체는 혼의 직동에 의해 움직이게 됩니다. 그렇기 때문에 실제적 육체의 통치권은 혼이 가지고 있습니다. 육체를 움직이기 위해서는 반드시 혼의 동의가 있어야 합니다. 우리의 영이 직접적으로 육체를 통치하는 것이 아니라 혼이 육체를 통치하고 있다는 것을 기억해야 합니다.

만약 성령님께서 내주하시면서 영을 깨우시고 통치해 나가신다면 혼과 육체도 성령님에 의해 통치를 받을 수 있습니다. 영으로부터 흘러나오는 성령님의 음성에 혼이 동의하고 육체를 움직이게 된다면 가능한 일입니다. 성령님의 통치가 충만해지게 된다면 점진적으로 하나님의 인성과 신성이 흘러나오게 됩니다. 그러면서 진정한 하나님의 자녀로서의 형상이 회복되어 나가게 되는 것입니다. 이러한 사람을 바로 영에 속한 사람, 신령한 사람이라고 말씀드릴 수 있겠습니다.

그러나 불행하게도 많은 사람들이 영은 죽고 혼과 육으로 살아가고 있습니다. '영이 죽는다'는 의미는 성령님께서 내주하시지 않은 상태라는 것입니다. 우리의 영은 성령님이 내주하실 때에야 비로소 살아나게 됩니다. 다시 태어나는 거듭남을 경험하게 됩니다. 그때부터 성령님께서 우리의 영을 성장시키시며 혼과 육을 복종시켜 나가시는 것입니다.

지금 우리의 영이 리더가 되어 살아가고 있다면 하나님의 자녀가 확실합니다. 그러나 혼이 원하는 대로 육이 하고 싶은 대로 살아가고 있다면 아직도 옛 아비 마귀와 호적정리가 되지 않았을지도 모르겠습니다.

성령이 임하시면 하나님의 자녀의 신분을 취득할 수 있습니다. 그러나 혼과 육체를 성령님이 아닌 마귀에게 복종시켜 나간다면 마귀가 호적을 들이대며 공격해 온다는 것입니다. '아직 호적 말소 안됐어! 그러니 너는 아직도 내 자식이야!'하면서 말입니다.

무엇보다도 인간의 영혼육의 구조에 대해 이해하는 것이 매우 중요합니다.

고린도전서 3장 16절에 '너희는 너희가 하나님의 성전인 것과 하나님의 성령이 너희 안에 계시는 것을 알지 못하느냐'라고 기록되어 있습니다. 예수님을 영접할 때 우리의 영 안에 성령님께서 내주하십니다. 우리의 영은 오직 성령님만이 거하실 수 있는 성전이기에 악한 영은 우리의 영을 잠식해 들어올 수 없다는 것입니다.

친히 자녀를 보호하시기 위해 보혜사로 우리의 영 안에 내주해 계신 성령님, 그 하나님이 우리의 아버지가 되십니다. 이 얼마나 놀라운 은혜이며 얼마나 큰 축복인지요. 이 은혜를 깨닫고 성령님의 통치를 사모한다면 하나님께서 역사해 주실 것입니다. 우리의 영혼 육을 거룩하게 하시고 흠 없이 보전시켜 주실 것입니다. 성령님과의 동행의 삶을 시작할 수 있도록 이끌어 주실 것입니다.

"여호와 하나님이 땅의 흙으로 사람을 지으시고 생기를 그 코에 불어넣으시니 사람이 생령이 되니라"(창 2:7)

악한 영들은 영혼육 가운데 어디를 가장 먼저 공격할까?

지금도 악한 영들은 우리의 영혼육을 공격하며 무너뜨리기 위해 호시탐탐 기회를 노리고 있습니다. 인간의 영혼육 가운데 가장 먼저 어디를 공격하며 어떻게 공격하는지에 대해 분별하고 있어야 합니다.

악한 영들은 우리의 혼의 구조인 지성, 감정, 의지, 자유의지와 양심을 자극하면서 죄를 짓도록 유도합니다. 자신이 들어갈 수 있는 죄의 처소를 만들어 나가는 것입니다. 가장 먼저 생각을 통해 죄를 투영시킵니다. 만약 죄된 생각을 받아들이게 된다면 그 다음 단계에서 감정을 자극하면서 마음으로 들어오게 됩니다. 그런 연유로 하나님께서 무릇 지킬 것 가운데 마음을 지키라고 말씀하셨던 것입니다(잠 4:23). 더 나아가 악한 영들이 마음을 요동치게 하면서 죄를 짓고 싶은 충동을 주입합니다. 그 마음을 받고 상습적으로 죄를 짓게 된다면 혼의 구조인 지성, 감정, 의지, 자유의지, 양심을 잠식해 나가면서 사탄이 점진적으로 통치를 시작합니다.

가장 먼저 혼의 영역 가운데 양심에 화인을 맞게 합니다. 양심도 없는 사람으로 서서히 전락시켜 나가는 것입니다. 그러면서 선과 악을 구별할 수 있는 자유의지의 영역을 마비시켜 나갑니다. 죄가 죄인지도 모른 채 죄의 향락 속에 빠지도록 늪으로 이끌고 갑니다.

만약 우리의 혼이 사탄에게 잠식된다면 육체의 통치권도 순식간에 빼앗길 수 있다는 것을 기억해야 합니다. 그렇게 된다면 육체가 사탄에게 넘어가는 것은 시간문제입니다. 혼의 의지를 가지고 육체를 움직이기 때문입니다. 그래서 사탄은 우리의 감정과 상처를 비집고 들어오는 것입니다. 감정을 격동시키면서 생각을 투영하는 것입니다.

"너 바보 아냐? 그렇게 당하고도 가만히 있어? 억울하지도 않냐? 가서 따져! 욕해! 때려!"

우리의 생각이라고 믿고 있는 혼의 감정을 격동시켜 의지를 가지고 행동하게 하는 것입니다.

죄를 선택하도록 이끄는 것입니다. 그러면서 서서히 육체를 통제해 나가는 것입니다.[31] 이것이 바로 보이지 않는 세계에서 일어나고 있는 치열한 영적전쟁입니다.

우리의 씨름은 보이는 혈과 육을 상대하는 것이 아닙니다. 보이지 않는 세계의 악한 영들을 상대하며 싸워 나가며 씨름하는 것입니다. 보이는 세계는 보이지 않는 세계에서 일어나는 영의 흐름의 현상의 결과일 뿐입니다.

만약 음란의 생각을 악한 영들로부터 투입 받게 된다면 어느새 그 음란의 생각들이 마음으로 들어오게 됩니다. 마음에 음란의 생각을 계속적으로 품게 된다면 행동으로 이어지는 것은 시간문제입니다. 상습적으로 죄를 짓게 된다면 악한 영은 우리의 혼의 영역인 지성, 감정, 의지와 자유의지와 양심을 잠식해 나가면서 통치를 시작하게 됩니다.

우리가 죄 안에 깊이 거하게 된다면 악한 영들이 들어올 수 있도록 포문을 활짝 열어주는 격이나 마찬가지입니다. 악한 영들은 점진적으로 혼의 구조인 지성, 감정, 의지를 비롯하여 양심과 자유의

---

31 우리의 육체는 혼의 통치를 받습니다. 혼의 의지를 가지고 육체를 움직이게 됩니다. 우리의 혼의 영역이 악한 영들에게 잠식되어 버린다면 육체는 한순간에 잡히게 됩니다. 순식간에 악한 영은 육체를 잡고 사탄의 도구로 사용하기 시작한다는 것입니다.

지 영역을 통치해 나가는 것입니다.

살인을 저지르는 사람을 예로 들어 보겠습니다. 악한 영은 그 사람의 혼의 영역을 마비시켜 강력한 분노를 일으키게 하면서 감정을 격동시킵니다. 분노의 영과 미움과 원망 저주의 영들이 연합하여 강력하게 감정을 요동케 합니다. 신기하게도 악한 영들은 연합을 참 잘합니다. 엄밀히 말한다면 연합이 아니라 더러운 야합입니다. 서로 상호 야합할 때 자신의 입지가 강력해진다는 것을 잘 알고 있기에 똘똘 뭉쳐 총공격을 퍼붓는 것입니다. 혼의 영역을 마비시켜 결국 육체를 잡고 살인을 저지르는 살인마로 사용하는 것입니다.

왜 그토록 악한 영들은 사람을 도구로 악한 일들을 획책하고 있는 것일까요? 바로 악한 기운들을 이 세상에 뿌려대며 자신의 세력을 확장시켜 나가는 것입니다. 이 세상의 신인 사탄이 더욱 악하고 패역한 세대로 휘몰아가는 환경을 만들고 있는 것입니다. 살인과 전쟁, 분쟁, 테러, 다툼, 시기, 질투, 미움, 이간질, 원망, 저주 등을 쏟아 부으며 사탄의 영역들을 더욱 더 확장해 나가는 것이지요. 이 것이 지금 영의 세계에서 일어나는 일들입니다.

예수님께서는 '악을 악으로 갚지 말고, 악을 선으로 갚으라'고 명령하셨습니다. 악을 선으로 갚는 것이 용서입니다. 악을 악으로 갚는 것이 복수입니다. 사람은 죄의 본성을 지니고 있기 때문에 복수하고 싶어 합니다.

"도저히 용서 못해! 네가 나한테 행한 것보다 두 배로 갚아 줄거야! 반드시 복수하고 말거야!"

악한 영들은 복수를 선택하도록 충동질하면서 서서히 죄를 짓게 만듭니다. 설령 복수하고 싶은 생각에 휩싸인다 할지라도 자신을 더럽히면 안됩니다. 인내하며 참아내야 합니다. 용서할 때 악한 영이 떠나가고 복수할 때 더 강력한 7마리 귀신을 데리고 들어올 수 있는 명분을 만들어 주기 때문입니다. 복수하면 시원할 것 같지만 죄악 속에 휩싸이면서 악한 영들의 도구로 사용될 수도 있기 때문입니다. 무엇보다도 용서할 때 하늘 아버지와 천국에서 영원히 살 수 있기 때문입니다.

"그런즉 누구든지 그리스도 안에 있으면 새로운 피조물이라. 이전 것은 지나갔으니 보라! 새것이 되었도다"(고후 5:17)

그렇습니다. 우리는 그리스도 안에서 새로운 피조물이 되었습니다. 새로운 피조물이 된 우리는 스스로를 거룩히 지켜야 합니다. 말씀과 기도를 붙잡고 하나님만을 신뢰해야 합니다. 악을 악으로 갚는 것을 멈춰야 합니다. 용납하고 용서하는 훈련을 시작해야 합니다.

우리는 하나님의 자녀입니다. 우리는 성령하나님께서 내주하시는 성전입니다. 어둠이 어떻게 하나님의 빛의 자녀를 공격해 올 수 있겠습니까? 설령 다가온다 할지라도 일곱 길로 줄행랑을 치며 도망칠 것입니다. 어둠은 더 이상 공격할 수 없을 것입니다.

"끝으로 너희가 주 안에서와 그 힘의 능력으로 강건하여지고 마귀의 간계를 능히 대적하기 위하여 하나님의 전신갑주를 입으라"(엡 6:10-11)

악한 영의 통치와 구원과의 연관관계

얼마 전 어떤 분께서 이런 글을 보내 주셨습니다.

"선교사님, 저는 아직도 죄를 짓고 있어요. 제 안에 악한 영이 있다는 것이 느껴져요. 그렇다면 저는 구원을 받지 못하는 것일까요? 지옥에 가는 것인가요?"

생각보다 많은 크리스천들이 죄 속에 거하며 신앙생활을 하고 있습니다. 하나님과 단절될 수도 있다는 것을 알면서도 죄가 주는 유혹과 쾌락 때문에 죄를 끊지 못하고 있는 크리스천들을 종종 보게 됩니다. 악한 영의 통치로 인해 구원을 받지 못할까봐 괴로워하는 분들이 의외로 많습니다.

현재 죄를 짓고 있는데 과연 구원을 받을 수 있을까요? 자신 안에서 역사하고 있는 악한 영의 존재를 느끼고 있는데 과연 이분은 지옥에 가는 것일까요?

여기서 주목할 것은 죄를 지었다고, 악한 영의 공격을 받았다고,

심지어 귀신이 들렸다고 무조건 다 지옥에 떨어지는 것은 아니라는 것입니다. 성경에 구원의 원리에 대해 명확하게 기록해 놓으셨습니다.

"네가 만일 너의 입으로 예수를 주로 시인하며 또 하나님께서 그를 죽은 자 가운데서 살리신 것을 너의 마음에 믿으면 구원을 받으리라"(롬 10:9)

하나님께서 천하 사람 중에 구원받을 만한 이름을 주신 일이 없다고 선포하셨습니다(행 4:12). 구원의 열쇠는 오직 예수 그리스도밖에 없습니다. 예수님을 구세주로 시인하고 마음으로 믿을 때 구원을 받을 수 있습니다. 예수님을 영접할 때 진리의 말씀이 빛이 되어 마음보다 더 깊은 영역에 있는 심령을 통해 우리의 영의 문을 열게 됩니다. 그 순간 하나님께서 회개의 영을 부어 주시고 우리가 죄인이라고 회개하며 나아갈 때 죄를 사하여 주십니다. 그때 거룩하신 성령님께서 우리의 영 안에 내주하시게 되는 것입니다(고전 3:16). 우리의 영안에 내주하신 성령님께서 영생의 구원을 인 치시는 것입니다. 이것이 바로 성경이 말하는 구원의 원리입니다.

그러나 앞서 언급했듯이 악한 영들은 혼의 구조인 지성, 감정, 의지와 양심의 영역을 공격하면서 잠식해 들어옵니다. 악한 영들이 주는 쾌락과 죄 속에 깊이 빠지게 된다면 결국 귀신이 우리의 혼과 육체의 영역에 자신의 집을 짓게 되는 것입니다.

이와 상대적으로 성령님은 우리의 영 안에 내주하십니다(고전

3:16). 성령이 내주하시면서 우리의 혼과 육을 복종시켜 나가시며 통치하시는 것입니다. 결론적으로 성령님은 우리의 영 안에 내주하시고 악한 영들은 우리의 혼과 육의 영역에 자신의 집을 짓고 통치해 나간다는 것입니다.

만약 성령님께서 내주하신 상태로 계속적인 죄를 짓게 되어 혼과 육의 영역에 귀신의 집이 지어지게 된다면 그때부터 양신역사가 일어날 수도 있다는 것을 기억하시기 바랍니다. 성령님과 귀신의 양신역사가 일어나고 있다 할지라도 믿음을 잃어버리지 않는다면 구원을 받을 수도 있다는 것입니다. 성령님께서 내주해 계시기만 한다면 지옥에 떨어지지 않을 수도 있다는 것입니다.

그런데 안타깝게도 악한 영들의 역사를 계속적으로 허용한다면 성령님께서 근심하시며 소멸되실 수도 있다는 것입니다. 악한 영들이 믿음을 잃어버리게 하기 위해 총공격을 퍼붓기 때문입니다. 믿음이 사라지고 악한 영의 통치가 강력해진다면 성령님께서 소멸되면서 구원조차도 잃어버리게 된다는 것입니다.

혹시 지금 성령께서 내주하셨는지, 자신이 구원을 받았는지 분별하기가 어려우십니까?[32] 그렇다면 이렇게 질문해 보십시오.

---

32 내 안에 성령님이 내주해 계신지 아닌지 분별하는 방법
  1) 믿음이 있는가? (롬 10:9-10)
  2) 하나님을 아빠아버지라고 고백하고 있는가? (롬 8:15-16)

"오늘 당장 죽는다 할지라도 천국에 간다는 확신이 있습니까?"

그 질문에 '아멘! 나는 지금 당장 죽는다 할지라도 죽음이 두렵지 않습니다. 천국에 간다는 확신이 있기 때문입니다'라고 확신할 수 있다면 성령님이 내주해 계실 확률이 높습니다. 천국의 소망과 구원의 확신을 주시는 분이 바로 성령님이시기 때문입니다.

그러나 생각보다 천국으로 입성하는 것이 쉽지 않습니다. 왜냐하면 악한 영들이 구원받고 천국에 들어가는 것을 강력하게 훼방하고 있기 때문입니다. 사탄이 우리를 지옥으로 끌고 가기 위해 혈전을 벌리고 있기 때문입니다. 하나님께서도 성령님을 보내시어 구원을 이루기 위해 전쟁을 치르십니다. 그래서 이 세상의 삶은 천국으로 가느냐, 지옥으로 떨어지느냐를 결정하는 치열한 영적전쟁터인 것입니다.

혹시 지금 자신의 주인이 성령님이라고 확신하십니까? 아니면 사탄이라고 느껴지십니까? 만약 악한 영의 통치 안에 있다면 지옥으로 떨어질지도 모르겠습니다. 그러나 설령 지금 죄를 짓고 있다 할지라도 믿음을 잃어버리지 않았고 성령님께서 내주해 계신다면 천국에 입성할 수도 있습니다. 감사한 것은 성령님께서 구원을 잃

---

3) 영생(천국)을 향한 소망이 있는가? (빌 3:20)
4) 성령의 내주의 확실한 증거가 있는가? 은사가 나타나고 있는가? (고전 12:4-11)
5) 회개했는가? 변화된 삶을 살고 있는가? (고후 7:10)

어버리지 않도록 하기 위해 우리를 대신하여 원수 마귀와 싸워 주신다는 것입니다. 사랑하는 자녀를 대신하여 보혜사 성령님께서 친히 싸워 주시는 것입니다. 하나님께서 기뻐하시는 거룩한 자녀로 거듭날 수 있도록 우리는 기도해야 합니다.

"하나님 아버지! 저는 죄인입니다. 아직도 여전히 죄를 짓고 있나이다. 제 안에 악한 영의 역사를 끊어주시고 복음 안에서 자유케 하여 주소서. 결코 악한 영들과의 전쟁에서 패배하지 않도록 도와 주소서. 그리하여 겉사람과 속사람의 전쟁에서 반드시 승리하게 하소서. 예수님의 이름으로 기도 드립니다. 아멘"

> "오호라 나는 곤고한 사람이로다 이 사망의 몸에서 누가 나를 건져내랴 우리 주 예수 그리스도께 감사하리로다 그런즉 내 자신이 마음으로는 하나님의 법을 육신으로는 죄의 법을 섬기노라" (롬 7:24-25)

속사람 VS 겉사람의 실체

최근 어떤 자매님과 상담을 하게 되었습니다. 그 자매님은 불과 얼마 전에 예수님을 믿기 시작했다고 했습니다. 예수님의 이야기를 듣기만 해도 하염없이 눈물이 흘러내린다고 했습니다. 예배와 기도, 말씀을 읽는 것이 꿀송이처럼 달게 느껴져 매일 그렇게 살고 싶다고 했습니다. 그런데 문제가 있다고 했습니다. 직업상 주일성수를 할 수 없는 상황이라고 했습니다. 주저주저하며 자신은 술 접대를 하는 직업에 종사하고 있다고 했습니다.

예수님을 믿기 전에는 자신이 하는 일에 만족했지만 지금은 견딜 수 없이 괴롭다고 했습니다. '술 취하는 것은 죄다, 하나님이 기뻐하지 않는다'는 생각이 자꾸 떠오르기 때문이라고 했습니다. 직장을 그만 두어야 하는 부담감이 있는데 이 생각이 하나님의 뜻인지 분별하고 싶다고 했습니다. 문제는 자신이 직장을 그만두게 된다면 생계가 어려워 어찌할 바를 모르겠다며 울먹였습니다. 죄를 안 짓고 싶은데 환경이 도와주질 않는다며 눈시울을 붉혔습니다. 덧붙여 예수님을 믿기 전에는 이러한 고민을 하지 않았는데 신앙을 가지고 난후에 오히려 더 힘들어졌다고 고백했습니다.

자매님에게 지금 속사람과 겉사람의 치열한 영적전쟁중이며 성령님께서 자매님과 동행하시기 위해 순종을 요구하고 계신다고 설명해 드렸습니다. 반드시 성령님의 음성에 순종해야 한다고 말씀드렸습니다.

이 자매님과 상담을 하면서 로마서 말씀이 떠올랐습니다.

"오호라 나는 곤고한 사람이로다 이 사망의 몸에서 누가 나를 건져내랴"(롬7:24)

사도 바울은 깨달았던 것입니다. 가장 치열한 영적전쟁은 바로 자신의 마음 깊은 곳에서부터 시작된다는 것을요. 그래서 탄식할 수밖에 없었던 것입니다.

"내 속사람으로는 하나님의 법을 즐거워하되 내 지체 속에서 한 다른 법이 내 마음의 법과 싸워 내 지체 속에 있는 죄의 법으로 나를 사로잡는 것을 보는도다"(롬 7:22-23)

그렇습니다. 우리는 어제도 죄와 싸웠습니다. 내일도 싸울 것입니다. 분명한 것은 천국에 입성하는 그날까지 싸워야만 한다는 것입니다. 죄의 법에 사로잡힐 때마다 몸부림쳐야 한다는 것입니다. 오늘도 수백 번 이상을 외치며 악한 영들을 향해 대적합니다.

'내가 나사렛 예수 이름으로 명하노니 이 더러운 생각을 주는 어둠의 권세는 떠나갈지어다! 사탄이 주는 생각은 끊어질지어다! 죄의 법의 통치는 사라질지어다!'

마음속에 죄된 생각이 용솟음쳐 올라올 때마다 부르짖습니다. 죄와의 싸움에서 승리할 때 신앙이 견고해진다는 것을 알기 때문입니다. 속사람과 겉사람이 충돌할 때 성령님의 뜻에 순종할 때만이 구원이 완성될 수 있다는 것을 믿고 있기 때문입니다. 치열한 속사람과 겉사람의 전쟁에서 승리할 수 있기 때문입니다.

우리가 만약 지금 치열하게 싸워나가고 있다면 엄청난 축복입니다. 비록 죄와의 싸움에서 패배할 때도 있겠으나 포기하지만 않는다면 역사는 일어납니다. 내 안에서 치열한 생각과 마음의 전쟁이 일어나고 있다면 성령님께서 통치하고 계시다는 확증입니다. 속사람이신 성령님과 동행의 삶을 살고 있다는 증거입니다.

감사하게도 하나님께서 속사람과 겉사람에 대해 명확하게 대비해 놓으셨습니다.

"우리가 낙심하지 아니하노니 우리의 겉사람은 낡아지나 우리의 속사람은 날로 새로워지도다"(고후 4:16)

겉사람이 낡아진다면 속사람은 날로 새로워집니다. 반대로 겉사람이 강력해진다면 속사람은 근심하십니다. 더 나아가 '성령을 소멸하지 말'고 성경은 분명히 밝히고 있습니다(살전 5:19). 성령님께서 우리 안에서 소멸되실 수도 있다는 것입니다. 두렵고 떨리는 말씀입니다. 우리는 결코 겉사람과 속사람의 전쟁에 대해 간과하지 말아야 합니다. 우리의 인생 가운데 가장 치열한 전쟁임을 인식해야 합니다.

가장 먼저 속사람과 겉사람의 주체와 끌고 가는 대상이 누구인지에 대해 알아야 합니다.

속사람은 성령님과 우리의 영을 말합니다. 우리가 예수님을 영접하여 성령님께서 우리의 영 안에 내주하신다면 죽어 있던 우리의 영이 새롭게 태어나게 됩니다. 마귀의 자식에서 하나님의 자녀로 거듭나는 것입니다. 성령님이 내주하시면서 우리의 영을 깨우시고 그때부터 이끄시며 인도하시는 것입니다.

그렇다면 겉사람은 무엇일까요? 바로 우리의 혼과 육의 영역을 의미합니다. 인간의 혼의 구조를 크게 지.정.의로 분류할 수 있습니다. 지성, 감정, 의지, 여기에 덧붙여 양심과 자유의지 영역을 혼의 구조라고 정의할 수 있습니다.

겉사람은 나의 혼과 육에 담긴 육체의 본성과 욕구, 죄를 끌어당기고자 하는 원죄라고 설명할 수 있겠습니다. 더 나아가 사탄의 장악에서 비롯된 죄된 생각들입니다. 사탄의 통치에서 비롯한 죄된 습성과 기질 등이 축적되어 나의 겉사람의 기질로 자리 잡게 되는 것입니다.

사실 성령님이 우리의 영안에 내주하시기 전에는 속사람과 겉사람의 전쟁이 전혀 없었습니다. 그렇게 살다가 지옥으로 떨어지는 것이 우리의 태생적 운명이었습니다. 그러나 이를 불쌍히 여기신 하나님께서 예수님을 통해 구원을 완성해 놓으셨습니다. 예수님을 믿는다면 성령님께서 우리의 영 안에 내주하시어 이미 완성된 구원을 이루어 나가시는 것입니다. 참으로 놀라운 하나님의 사랑입니다.

그런데 문제는 우리가 죄인이었으나 의인으로 칭해주시면서 성령님께서 내주하셨으나 겉사람의 통치로 인해 다시 죄를 지을 수밖에 없다는 것입니다. 속사람이신 성령님이 임하시사 큰 감격과 은혜로 끌고 가시지만 언젠가 그 감격도 사라질 수 있다는 것입니다. 첫사랑을 잃어버릴 수도 있다는 것입니다.

그때부터 속사람과 겉사람의 치열한 전쟁이 시작되는 것입니다. 속사람이신 성령님이 우리의 영과 함께 싸워 나가는 것입니다. 죄가 무엇인지 의가 무엇인지를 가르치시며 죄를 멀리하도록 이끌어 가신다는 것입니다. 속사람이신 성령님이 말씀하실 때마다 그동안 화인 맞아있던 양심이 살아나 죄에 대해 인식하며 싸워 나가는 것입니다. 앞서 언급한 자매님처럼 '술 취하지 말라 이는 방탕한 것이니 오직 성령으로 취하라' 말씀하시며 죄를 끊도록 이끄시는 것입니다.

문제는 마귀가 보고만 있지만은 않는다는 것입니다. '너는 내 것이야! 내 자식이야!'하며 자기 자식을 빼앗기지 않기 위해 물불을 가리지 않고 덤벼든다는 것입니다.

엄밀히 말한다면 우리는 본질상 진노의 자녀, 마귀의 자식으로 태어났습니다(요 8:44). '너희 아비는 마귀다'하신 말씀처럼 우리는 태생적으로 원죄에 묶여 태어났습니다. 마귀와는 뗄레야 뗄 수 없는 필연적 인연으로 맺어져 있었던 것입니다. 이러한 묶임 속에서 마귀는 겉사람의 기질 가운데 스며들어 있는 잠재된 본성을 건드립니다. 자극합니다. 충동합니다. 겉사람의 주체인 우리의 혼과 육을 충동하며 다시 죄를 선택하도록 총공격을 가한다는 것입니다.

속사람과 겉사람의 영적전쟁은 처절합니다. 이 전쟁은 한 영혼을 두고 내 것이냐, 네 것이냐 싸우는 전쟁입니다. 종국에는 우리가 누구의 자녀로 살아갈 것인가를 결정해야 하는 전쟁입니다. 눈에 보인다면 대비할 수 있겠으나 보이지 않기에 자칫하다가 속사람이신 성령님을 놓쳐 버릴 수도 있습니다. 성령님의 통치를 잃어버린다면 성령님이 근심하십니다. 마귀의 올무에 묶여 죄의 구렁텅이에서 빠져 나오지 못한다면 성령님이 소멸되실 수도 있습니다.

그러나 걱정하지 마십시오. 하나님께 감사하십시오. 성령이 임하므로 우리의 영과 더불어 하나님의 자녀인 것을 확증하시며 싸움을 주도해 나가시기 때문입니다(롬 8:16). 내가 싸우는 것이 아니요 내 안에 계신 성령님이 주체가 되어 죄와 싸워 주실 것이기 때문입니다.

"내가 원하는 바 선은 행하지 아니하고 도리어 원하지 아니하는 바 악을 행하는도다"(롬 7:19)

속사람이신 성령께서 빚어 가시는 방법

문득 하나님과 아브라함의 대화가 파노라마처럼 요동칩니다.

"아브라함아, 네 아들 네 사랑하는 독자 이삭을 데리고 모리아 땅으로 가서 내가 네게 일러 준 한 산 거기서 그를 번제로 드리라"(창 22:2)

이삭을 바치라는 하나님의 말씀에 얼마나 놀랐을까요? 얼마나 두려웠을까요? 그럼에도 아브라함은 하나님의 말씀을 믿음으로 선택했습니다. 이삭을 다시 살려 내실 줄을 믿었기 때문입니다(히 11:19). 아브라함의 믿음을 보신 하나님께서 이삭을 죽이려 하는 순간 소리치셨습니다.

"그 아이에게 네 손을 대지 말라 그에게 아무 일도 하지 말라 네가 네 아들 네 독자까지도 내게 아끼지 아니하였으니 내가 이제야 네가 하나님을 경외하는 줄을 아노라"(창 22:12)

하나님의 말씀을 믿음으로 선택한 아브라함을 하나님의 친구로 인정하셨습니다.

그러나 아브라함처럼 말씀으로 사는 삶을 선택하는 것은 결코 쉽지 않습니다. 하나님을 볼 수 없기 때문입니다. 하나님의 음성도 육의 귀가 아니라 영의 귀가 열릴 때 들을 수 있기 때문입니다. 보이지 않기에 믿음으로 사는 삶도 포기해 버립니다. 우리의 연약함을 잘 아시는 하나님께서 보혜사 성령으로 우리와 동행하고 계십니다. 아브라함처럼 진정한 친구로 삼기 위해 일하시고 계십니다.

지금은 성령의 시대입니다. 갈 바를 알지 못하고 헤맬 때 성령께서 이끄시며 인도하십니다. 오늘도 성령님이 더욱 통치하시도록 기도해야 합니다.

"성령님 말씀하소서 듣겠나이다. 성령님 가르치소서 인도하소서. 그리하여 하나님의 뜻을 이루소서."

내 뜻이 아니요 하나님의 뜻대로 살기를 결단할 때 성령의 역사하심이 강해집니다. 속사람이신 성령님의 뜻과 내 뜻이 충돌되고 갈등이 일어난다 할지라도 성령님의 뜻을 선택할 때 믿음은 자라나기 시작합니다.

그렇다면 성령님께서 우리의 믿음을 성장시키기 위해 어떠한 방법을 사용하실까요?

가장 먼저 죄와의 싸움을 통해 믿음의 돌파를 이루어 나가십니다. 죄와의 싸움이 치열하면 할수록 성령님의 통치가 강해집니다. 죄와 싸워나갈 때 임재가 강해집니다. 동행의 삶이 시작될 수도 있습니다. 문제는 그때부터 본격적인 속사람과 겉사람의 전쟁이 선포될 수 있다는 것입니다.

속사람과 겉사람의 전쟁의 핵심은 내 안에 거룩의 영을 담을 것이냐 세상의 영에 사로잡히느냐의 씨름입니다. 거룩함을 되찾는 전쟁입니다.

무엇보다도 성령님은 가장 먼저 외부적인 죄성과 싸우도록 인도해 가십니다.

외부적인 죄성이라 함은 내가 느끼기에도 다른 사람이 보기에도 죄라고 생각하는 죄를 의미합니다. 세상의 법에 위배되는 죄를 비롯한 각종 죄를 의미합니다. 예를 들어 도둑질, 강도, 사기, 살인, 폭력 등 이러한 죄들은 세상의 법에 위배되어 처벌을 받는 죄목입니다.

그렇다면 크리스천으로서 하나님이 보시기에 죄라고 평가되는 것은 무엇이 있을까요? 각종 중독들, 불법적인 것들, 술 취함, 간음 등 외적으로 드러나는 죄를 의미합니다. 동성애는 세상의 법에 위배되는 죄는 아니라 할지라도 하나님 보시기에는 외부적인 죄에 속합니다. 외부적인 죄를 끌어와 내 몸 안에서 풀어 놓기 때문입니다. 술에 취하는 것도 세상의 법에서는 심판을 받을 만한 죄는 아니지만 '술 취하지 말라 이는 방탕한 것이라'라고 말씀하셨기에 외부적인 죄에 포함될 수 있다는 것입니다.

어쩌면 예전에 우리는 술을 즐겼을지도 모릅니다. 게임중독이나 음란중독에 빠져 있었을지도 모르겠습니다. 죄가 죄인지도 모른 채 죄 속에 파묻혀 살아왔을 것입니다. 그러나 성령이 임함으로 외부적인 죄성들을 들춰내시며 '내 아들아, 내 딸아, 끊으라'라고 말씀하실 수도 있다는 것입니다.

감동을 통해, 설교를 통해, 마음의 부담감을 통해, 다른 사람의 권면을 통해 말씀하실 수 있다는 것입니다. 속사람이신 성령님의 말씀에 순종하기로 결단했다면 그때부터 치열한 전쟁이 시작됩니다.

갑자기 술을 먹고 있는데 성령님이 역사하신다면 구토가 날 수도 있습니다. 술 한 방울도 마실 수 없는 상태로 육체까지도 통치하실 수 있습니다. 도저히 끊어낼 수 없을 것 같았던 중독이 성령의 능력으로 단번에 끊어질 수도 있습니다. 이는 사람의 능력이 아니요 성령님의 능력입니다. 내 의지가 아니라 속사람이신 성령께서 내 안에서 역사하신 결과입니다. 도저히 상식적으로는 설명할 수 없는 놀라운 일들이 일어날 수 있다는 것입니다.

외부적인 죄성들을 끊어내는 과정을 거치면서 성령님께서 우리 안에 본성으로 가지고 있는 죄성들을 끄집어 내십니다. 내 마음 깊숙한 곳에 숨겨진 있는 내면적인 죄를 들춰내시는 것입니다. 육체의 본성, 원죄 안에 담긴 죄성, 본능을 자극하는 죄성들을 조명하시며 다루신다는 것입니다. 성경은 이를 육체의 일이라고 표현하고 있습니다. 육체의 일들이 바로 우리의 겉사람의 기질과 속성이라고 말씀 드릴 수 있겠습니다.

"육체의 일은 분명하니 곧 음행과 더러운 것과 호색과 우상
숭배와 주술과 원수 맺는 것과 분쟁과 시기와 분냄과 당 짓
는 것과 분열함과 이단과 투기와 술취함과 방탕함과 또 그와
같은 것들이라 전에 너희에게 경계한 것 같이 경계하노니 이
런 일을 하는 자들은 하나님의 나라를 유업으로 받지 못할
것이요"(갈 5:19-21)

우리는 오늘도 육체의 일들을 드러내며 살아가고 있습니다. 겉사
람의 생각대로 살아갑니다. 감정대로 움직이는 본성을 가진 존재이
기 때문입니다. 사실 원수 맺는 것, 분쟁, 시기, 질투, 이간질, 미움,
분노, 원망의 감정들은 외부적인 죄는 아닙니다. 내 안에서 이러한
미움의 감정들이 일어나는 것은 본성입니다. 그 죄들이 눈덩이처럼
커져 다른 사람에게 유해요소로 작동될 때 죄로 적용합니다.

비난과 판단을 하고 있는 누군가를 향해 미움의 감정이 생겨나
는 것은 당연한 일입니다. 내가 피해자일수도, 가해자일수도 있습
니다. 우리는 어떠한 환경과 상황 속에서 자연스레 스며드는 감정
들을 표현하며 살아가고 있습니다. 누군가를 향한 내 감정이 정당
한 것처럼 여겨질 수도 있습니다. 스스로도 그것을 죄라고 여기지
않는다는 것입니다.

그런데 하나님 보시기에는 그렇지 않을 수도 있다는 것입니다.
성령님이 우리의 영 안에 내주해 계신다면 죄를 평가하는 잣대가

더 섬세해졌기 때문입니다. 분노가 올라올 때 속사람이신 성령님께서 이렇게 말씀하실 수도 있습니다.

"분을 내어도 죄를 짓지 말며 해가 지도록 분을 품지 말고 마귀에게 틈을 주지 말라"(엡 4:26-27)

분노를 내는 것은 겉사람 안에 내재된 본성입니다. 성령께서는 겉사람의 기질로 인해 죄를 짓지 말라 말씀하시며 내면적인 죄와 싸워나가도록 이끄신다는 것입니다. 미움과 원망이 올라올 때, 분노가 치밀어 오를 때 겉사람의 기질대로 행동하지 말라 말씀하십니다. 그 감정대로 살지 말라 하십니다. 겉사람이 아니라 속사람이신 성령의 뜻을 따르라 말씀하십니다. 악을 악으로 갚지 말고 악을 선으로 갚으라 하십니다. 악을 악으로 갚는 것이 바로 복수입니다. 기억할 것은 복수를 불태우게 하는 속삭임은 사탄의 계략이라는 것입니다. 만약 악을 악으로 갚는다면 겉사람을 따라가는 것입니다. 악을 선으로 갚는 것은 용서입니다. 그 감동은 성령님으로부터 온 것입니다. 오른뺨을 맞았다면 왼뺨까지도 돌려대라 하시는 감동이 속사람의 음성입니다. 어리석게 보일지라도 속사람의 뜻에 순종해야 합니다.

이것이 바로 속사람과 겉사람의 전쟁의 실체입니다. 내 본성과 사탄의 음성을 따라 행동할 것이냐, 성령의 음성에 따라 순종할 것이냐의 전쟁인 것입니다.

저의 경우에도 성령이 임하면서 각종 중독들이 끊어지기 시작했습니다. 지금은 음란한 영상만 보아도 구토가 일어납니다. 제가 거부하는 것이 아니라 성령님께서 거부하도록 인도하시는 것입니다. 그동안 아무런 죄책감 없이 저질렀던 많은 행동들이 '죄'였다는 것을 인식하게 되면서 혐오감이 느껴졌습니다. 지금도 여전히 죄와의 싸움을 하고 있습니다. 아마도 죽을 때까지 죄와의 싸움은 계속될 것입니다. 제 몸에 덕지덕지 붙어 있는 죄가 들춰질 때마다 이렇게 기도합니다.

"주님, 이 죄를 끊을 수 있도록 도와주소서. 하나님의 능력으로 죄가 끊어지게 하소서."

하나님께 매달립니다. 도움을 요청합니다. 죄를 끊어내고자 하는 결단의 한 걸음을 내딛는다면 나머지는 하나님께서 해주실 것을 믿기 때문입니다. 그 한 걸음으로부터 역사가 일어난다는 것을 알기 때문입니다. 한 걸음을 내딛었을 때 요단강이 갈라졌던 것처럼 하나님은 우리에게 지금 한 걸음을 요구하고 계십니다.

생각보다 속사람과 겉사람의 전쟁은 처절합니다. 치열합니다. 속사람과 겉사람의 음성이 들려올 때 어떤 음성에 순종하느냐에 따라 열매가 맺히기 때문입니다.

속사람이신 성령님을 따라간다면 하나님의 형상과 모양으로 빚어져 갈 것입니다. 성령의 9가지 열매가 맺힐 것입니다(갈 5:22-23).

사랑, 희락, 화평, 오래 참음, 자비, 양선, 충성, 온유, 절제의 성품이 맺혀지기 시작할 것입니다. 진정한 하나님의 자녀의 삶을 살아낼 수 있다는 것입니다.

반대로 겉사람이 이끄는 대로 살아간다면 육체의 것들에 장악 당하게 됩니다. 종국에는 사탄의 기질과 악한 성품들이 드러나게 됩니다. 결국 속사람과 겉사람의 전쟁은 우리의 선택과 결단에 달려 있습니다. 무엇을 선택하느냐에 따라 그 열매가 맺혀집니다.

중요한 것은 성령님의 뜻에 따라 순종하는 삶을 살게 된다면 성령님과의 동행이 시작될 수 있다는 것입니다. 내가 세상과 가까워진다면 성령님과는 멀어질 수밖에 없습니다. 반대로 말씀과 기도, 예배, 말씀대로 살아가는 삶을 선택한다면 성령님과 가까워지고 동행의 단계까지도 이를 수 있다는 것입니다.

우리는 지금 선택과 결단의 기로에 있습니다. 어쩌면 육체의 욕심과 소욕을 선택할 수도 있습니다. 세상의 것에 집중할 수도 있습니다. 외부적인 죄성과 내면적으로 올라오는 본성에 타협할 수도 있습니다. 그러나 근심하지 마십시오. 무너져 내리는 순간 하나님을 기억하십시오. 하나님을 찾으십시오. 그때부터 속사람이신 성령님께서 역사하실 것입니다. 성령님의 뜻에 순종하기 시작한다면 빚어가심을 멈추지 않으실 것입니다. 성령님께서 우리보다 더 동행하기를 원하고 계시기 때문입니다.

"너희는 성령을 따라 행하라 그리하면 육체의 욕심을 이루지 아니하리라 육체의 소욕은 성령을 거스르고 성령은 육체를 거스르나니 이 둘이 서로 대적함으로 너희가 원하는 것을 하지 못하게 하려 함이니라"(갈 5:16–17)

속사람과 겉사람의 치열한 영적전쟁

오늘도 총성 없는 전쟁을 시작합니다. 소리 없이 다가오는 전쟁이기에 늘 경계하며 주변을 살핍니다. 내 안을 살핍니다. 내 안의 본성에서 뿜어져 나오는 죄성을 봅니다. 선한 것이 없음에 탄식이 나옵니다.

오래 전 성령이 임하시므로 감격과 감동 속에서 사랑을 고백했습니다.

"나 같은 죄인이 무엇이건데, 내가 누구이건데 저를 위해 죽으셨나이까?"

시간이 갈수록 그 사랑의 고백도 시들시들해져 갑니다. 하나님을 향한 갈망도 무뎌져 갑니다. 오직 하나님만을 위해 살고 싶지만 악한 본성이 있어 무너집니다. 통곡이 나옵니다.

사도 바울도 탄식했습니다.

"내 안에 선한 것이 없구나.."(롬 7:18)

"나에게 악이 함께 있구나.."(롬 7:21)

"내 속사람으로는 하나님의 법을 즐거워하지만 내 지체 속에 죄의 법이 있어 나를 사로잡는구나"(롬 7:22-23)

"오호라 나는 곤고한 자로다, 이 사망의 몸에서 누가 나를 건져내랴"(롬 7:24)

사도 바울은 속사람과 겉사람의 영적전쟁의 실체를 알고 낙심했습니다. 세상과 벗하며 아무렇지 않게 살아가는 자신의 모습을 보았기 때문입니다. 생명과 사망의 법이 대치하는 가운데 죄와 타협해 버리는 자신을 발견했기 때문입니다.

속사람과 겉사람의 영적전쟁을 시소에 비교할 수 있겠습니다. 우리는 시소 가운데에 무게 중심을 두고 앉아 있습니다. 속사람이신 성령님이 시소 한편에, 시소 반대편에 사탄이 대치 중에 있습니다. 우리를 사이에 두고 엄청난 신경전이 일어납니다. 내가 어디에 무게 중심을 두느냐에 따라 그 전쟁은 더 치열해 집니다. 시소 한쪽이 왕성해지면 다른 쪽은 근심하며 기울어집니다.

감사하게도 살리는 영이신 성령께서 희락과 평강을 부어 주시며 이끌고 가십니다. 하나님의 사랑을 경험하게 하십니다. 그 감동과 감격이 강렬하여 성령님 쪽으로 기울어지게 됩니다. 성령이 충만해지고 하나님을 갈망하는 마음들이 솟구쳐 올라옵니다. 구름 위를 걷고 있는 것처럼 엄청난 기쁨이 쏟아집니다.

그러나 문제는 그 첫사랑의 경험이 오래 가지 않는다는 것입니다. 왜냐하면 사탄이 성령님 쪽으로 기울어지지 못하도록 막아서기 때문입니다. 겉사람의 기질을 자극하며 공격해 들어오기 때문입니다.

그렇다면 여기서 겉사람의 기질은 무엇을 의미하는 것일까요? 그동안 살아오면서 사탄의 영향력을 받아 축적된 악한 성품입니다. 내 성품 안에 스며들어 있는 악한 기질을 의미합니다. 나의 인격이 되어 버린 죄된 습성들을 의미합니다. 분노, 사랑하지 못함, 완고함, 완악함, 인내하지 못하는 것, 이러한 겉사람의 기질과 속성들이 성령님의 일들을 훼방하기 시작한다는 것입니다.

예를 들어 보겠습니다.

성령이 임하므로 우리의 영이 깨어나 예배를 더욱 사모하게 됩니다. 기도를 할 수 있게 됩니다. 찬양의 놀라운 기름부음 안에서 다윗처럼 춤추며 예배할 수 있게 됩니다. 양심이 회복되어 죄에 민감해지면서 하나님의 선한 일들이 우리 안에서 펼쳐지기 시작합니다. 스스로 생각할 때 '나도 참 괜찮은 사람이구나'라고 여겨질 만큼 소망이 넘쳐 납니다. 희락이 넘쳐 납니다. 하나님의 사랑이 나의 영혼육을 감싸며 휘감고 있기에 영적으로 살아나는 것입니다.

그런데 문제는 우리의 겉사람의 기질들이 방해하기 시작한다는 것입니다.

"좀 더 자고 싶다, 쉬고 싶다. 아~ 힘들다. 오늘은 예배 안 가면 안 될까.."

아무리 성령께서 '예배의 처소로 나가거라, 기도하라, 말씀을 읽으라, 하나님을 경배하라'고 말씀하신다 할지라도 겉사람의 기질이 성령님의 음성을 방해한다는 것입니다. 이미 우리의 겉사람의 기질 안에 축적되어 있던 이 세상의 정서와 문화, 각종 중독, 음란한 생각들이 자극적으로 다가오는 것입니다. 성령이 충만할 때는 겉사람의 기질 안에 내재된 본성을 잠재울 수 있었으나 충만이 사라질 때 바로 몸이 반응한다는 것입니다. 예전의 삶으로 돌아가고 싶은 충동에 자극을 받는 것입니다. 누리고 싶고 향락을 즐기고 싶고 게으름에 몸을 맡기고 싶은 본성들이 올라오기 시작하는 것입니다.

그동안 성령님의 능력 안에서 잠시 눌려 있었던 기질들이 드러나기 시작합니다. 욕망이 꿈틀꿈틀 드러나기 시작합니다. 성령님 쪽으로 기울어져 있던 시소의 무게중심이 겉사람의 기질에 부딪치면서 타협하기 시작하는 것입니다.

성령님께서 역사하시며 통치하기 위해서는 혼과 육의 동의를 얻어야 하는데 내 자신이 방해자로 나서는 것입니다. 하나님을 갈망하는 마음이 사라지고 사탄이 뿌려놓은 죄성에 사로잡히게 되는 것입니다. 육체의 것들이 용솟음치고 올라오기 시작하는 것입니다.

아나니아와 삽비라도 그랬습니다.

그들은 '예수는 그리스도시요, 하나님의 아들'이라는 것을 믿었습니다. 만약 그들에게 성령이 내주하시지 않았다면 스데반 집사의 순교 이후, 뿔뿔이 흩어져버린 위기의 순간에 남아 있을 수 없었을 것입니다. 그들에게 믿음이 없었다면 핍박의 현장에서 도망쳤을 것입니다. 결코 예루살렘에 모여 복음을 전하지 못했을 것입니다. 성령의 능력과 통치 안에 그들의 무게중심이 있었기에 교회 공동체를 지킬 수 있었던 것입니다.

그런데 문제는 아나니아와 삽비라를 사탄이 공격하기 시작했다는 것입니다. 그들의 성품과 인격 안에 축적된 겉사람의 기질들을 자극하기 시작했습니다. 교만, 자기 영광, 인정받고 싶은 숨겨져 있던 마음이 드러나기 시작합니다. 그들은 재산 일부를 숨겨놓고 전 재산을 다 하나님께 바쳤다고 성도들을 속입니다. 결국 성령님까지 속였습니다.

분명한 것은 아나니아와 삽비라는 성령님을 인격적으로 경험했다는 것입니다. 문제는 자기영광과 의를 드러내고자 하는 겉사람의 기질을 뛰어넘지 못했다는 것입니다. 그 결과 사탄이 그들을 통치하게 되었습니다. 성령님의 통치가 사라지고 사탄의 장악으로 죽음에 이르게 되었습니다.

가룟 유다도 마찬가지였습니다. 그는 예수님을 따랐던 제자였습니다. 하지만 그의 무게중심이 사탄에게 기울어져 있었고 예수님을 팔 생각을 넣어 주었을 때 여과 없이 받아들였습니다. 그의 겉사람의 기질 안에 탐욕의 마음이 있었기에 사탄의 생각을 그대로 흡수했던 것입니다.

그렇다면 현재 우리는 어떠할까요?

결코 나는 아나니아와 삽비라는 되지 않을 것이라고 어떻게 장담할 수 있을까요? 가룟 유다를 판단할 수 있을까요? 나의 겉사람의 기질을 사탄이 충동질할 때 과연 'NO'라고 거부할 수 있을까요? 쉽지 않다는 것입니다.

"다른 사람도 다 그렇게 살아가는데 왜 나만 그렇게 유별나게 살아야 해!"

많은 사람들이 어쩔 수 없는 상황이라며 타협한다는 것입니다. 현실의 벽에 부딪힐 때 성령님의 음성과 뜻에 순종하지 않는다는 것입니다. 속사람의 생각은 비현실적이고 겉사람의 생각은 상식적으로 들려지기 때문입니다. 겉사람에서 비롯한 생각이 자신에게 유익을 주는 생각처럼 여기지기 때문입니다.

> "내 속사람으로는 하나님의 법을 즐거워하되 내 지체 속에서 한 다른 법이 내 마음의 법과 싸워 내 지체 속에 있는 죄의 법으로 나를 사로잡는 것을 보는도다"(롬 7:22-23)

속사람이 이겼을 때 겉사람이 이겼을 때

우리는 속사람과 겉사람의 전쟁의 승패 여부에 따라 어떤 결과가 파생되는지 깊이 묵상해야 합니다. 보이지 않는 세계에서 전쟁이 일어나지만 그 결과는 저참합니다.

먼저 속사람과 겉사람의 전쟁에서 속사람이 이겼을 때를 가정해 봅시다. 과연 어떤 결과와 열매가 맺혀질까요?

첫째, 우리의 삶 가운데 성령의 9가지 열매가 맺혀집니다(갈 5:22-23). 성령의 열매는 사랑, 희락, 화평, 오래 참음, 자비, 양성, 충성, 온유, 절제입니다. 성령의 열매는 하나님의 성품입니다. 인격입니다. 속사람이신 성령님을 따라간다면 향기가 드러나며 진정한 하나님의 자녀로 살아가게 되는 것입니다.

둘째, 우리의 영안에 하나님의 나라가 이루어집니다(롬 14:17). 속사람이 승리한 결과 성령님의 통치가 강해지므로 천국을 맛보아 알게 됩니다. 성경에도 '하나님의 나라는 볼 수 있게 임하는 것이 아니요 또 여기 있다 저기 있다고도 못하리니 하나님의 나라는 너희 안에 있느니라'라고 기록되어 있습니다(눅 17:20-21). 내 안에 마음의 전쟁이 잠잠해지면서 희락과 평강이 임하여 천국을 누리는 삶을 살게 되는 것입니다.

셋째, 성령의 법이 통치하므로 사망의 법에서 해방됩니다(롬 8:1- 2). 사탄이 아무리 유혹하고 공격한다 할지라도 성령님의 영향력이 강해져 보호를 받습니다. 악한 영들이 밀 까부르듯이 공격해 들어온다 할지라도 성령께서 전신갑주를 입혀주시고 지켜 주십니다. 믿음이 반석위에 세워져 흔들리지 않게 되는 것입니다. 두려움, 염려, 근심, 정죄감이 사라집니다. 악한 영들의 종속과 묶임이 풀어지면서 진정한 안식을 누리게 되는 것입니다.

예수님께서 '진리를 알지니 진리가 너희를 자유롭게 하리라'고 말씀하신 대로 진리의 영이신 성령님과 동행하게 되므로 더 큰 안식과 자유를 누리게 되는 것입니다(요 8:32). 이때부터는 신앙생활을 하는 것이 고통이 아니라 행복을 줍니다. 고난을 뛰어넘어 천국에 대한 확신으로 이 세상에 묶이지 않게 됩니다. 사탄의 종속이 끊어지게 되므로 영생의 나라, 천국을 향한 소망으로 살아가게 되는 것입니다.

그렇다면 겉사람이 이겼을 경우에는 어떤 일들이 일어날까요?

눈에 보이지는 않지만 영적세계에서는 엄청난 변혁이 일어납니다. 겉사람이 이겼을 때에 점진적으로 사탄의 성품이 나타납니다. 사탄의 냄새가 풍겨납니다. 육체의 것들이 더욱 극명하게 드러납니다.

문제는 이러한 육체의 일들이 나타나는 자들은 '하나님의 나라'를 유업으로 받지 못할 것이라고 경고하고 계시다는 것입니다(갈

9:19-21). 쉽게 설명하자면 천국에 들어갈 수 없다는 말씀입니다. 그런 연유로 우리는 무조건 겉사람과 속사람의 전쟁에서 승리해야 합니다. 목숨을 걸고 죽기까지 싸워야 합니다.

우리는 기억해야 합니다. 우리가 진정으로 예수님을 영접할 때 성령님께서 우리의 영안에 내주하신다는 것을요. 하지만 그때부터 속사람과 겉사람의 엄청난 충돌이 일어난다는 것을요. 내가 무엇을 선택하느냐에 따라 성령님의 영향력이 커질 수도 약화될 수도 있다는 것입니다. 만약 우리가 속사람을 따른다면 그때부터 성령님과의 동행의 삶이 시작됩니다.

반대로 겉사람을 따라갈 때 사탄의 장악력이 강해져 종국에는 성령께서 근심하시며 소멸되실 수도 있다는 것입니다. 그때부터 우리의 믿음은 물거품처럼 흔적조차 없이 사라져 버릴 수도 있다는 것입니다. 예수님을 믿는 믿음 때문에 성령께서 내주하셨는데 믿음을 잃어버린다면 내주하실 명분도 사라지기 때문입니다. 우리의 믿음을 주관하시는 성령께서 소멸되셨기에 믿음도 순식간에 사라져 버리는 것입니다(살전 5:19).

그러나 그 순간에도 쉬지도 먹지도 졸지도 아니하시고 계속적으로 우리의 믿음이 회복되도록 성령님께서 일하십니다. 여러 다양한 방법을 총동원하여 겉사람의 기질과 사탄에게 장악되지 못하도록 이끌어 주십니다. 만약 이때라도 회개하고 돌이킨다면 다시 회복될 수 있습니다. 끝까지 인내하시는 하나님의 사랑이 우리를 덮고 있기 때문입니다.

사도 바울은 그 누구보다도 속사람과 겉사람의 영적전쟁을 잘 이해하고 있었습니다. 전쟁에서 승리하기 위해 죄와 피 흘리기까지 싸우고 또 싸웠습니다. 자신을 쳐서 복종시키고 또 복종시켰습니다. 성령님과 동행하는 삶을 훼방 받을 때마다 그는 탄식했습니다.

"오호라! 나는 곤고한 사람이로다. 이 사망의 몸에서 누가 나를 건져내랴"(롬 7:24)

낙심의 마음이 올라올 때마다 그는 결단하고 또 결단했습니다.

"우리가 낙심하지 아니하노니 우리의 겉사람은 낡아지나 우리의 속사람은 날로 새로워지도다."(고후 4:16)

사도 바울의 탄식이 우리 모두의 기도로 승화되었으면 참 좋겠습니다.

> "우리 주 예수 그리스도로 말미암아 하나님께 감사하리로다
> 그런즉 내 자신이 마음으로는 하나님의 법을 육신으로는 죄
> 의 법을 섬기노라"(롬 7:25)

성령님이 근심하시는 사람에게 나타나는 특징

최근 길거리에 있는 자판기를 두드리며 화를 내고 있는 어떤 분을 목격한 적이 있었습니다. 돈을 넣었는데 원하는 물건이 나오지 않았나 봅니다. 한참을 두드리다가 발로 치기를 반복했습니다. 그래도 분노가 삭혀지지가 않았는지 자판기가 부서질 정도로 계속 발로 차더니 욕을 퍼부어댔습니다.

그 분의 행동을 보면서 어쩌면 우리도 하나님 앞에 이런 행동을 하고 있을지도 모른다는 두려움이 엄습해 왔습니다. 자판기에 동전을 넣어 원하는 물건을 취하는 것처럼 하나님을 그렇게 대하고 있는지도 모르겠습니다. 자신이 원하는 축복을 받지 못한다면 언제든지 하나님을 발로 차고 돌아설지도 모르겠습니다. 어쩌면 하나님을 그렇게 홀대하고 있었는지도 모르겠습니다. 자판기를 대하는 것처럼요.

"내가 철야기도와 새벽기도를 이정도 했으니까 하나님이 축복을 내려 주시는 것은 당연하지.."

"내가 이만큼 헌신했으니까, 이토록 헌금을 많이 냈으니까, 이만큼 선행을 했으니까.."

얼마나 많은 '이만큼, 이정도'을 하나님께 외쳐댔을까요. 하나님의 마음은 또 얼마나 갈기갈기 찢어지고 아프실까요. 우리를 바라보시며 얼마나 근심하시고 계실까요.

"자판기에 이만큼 돈을 넣었으니까 이 정도는 나와 줘야지.."

길거리의 자판기는 돈이라도 넣었지만 우리는 하나님께 아무것도 하지 않은 채 원망만 하고 있을지도 모릅니다. 하나님을 사랑하지도, 믿지도, 신뢰하지도, 살아내지도, 심지어 기도도 하지 않으면서 말입니다.

내 안에 '자판기 신앙'이 있는지 두렵고 떨림으로 점검해 보아야 합니다. 자판기 신앙은 성령님의 마음을 근심케 합니다. '성령없는 성령충만'을 구하는 것과 같습니다. 성령님의 능력은 원하지만 정작 성령님을 원하지는 않습니다. 축복은 원하지만 순종은 거부합니다. 은혜는 구하지만 성령님과 동행하는 삶은 버거워 합니다. 싫어합니다. 성령을 따라 행하는 삶이 고통스럽기 때문입니다.

성경에 '하나님의 성령을 근심하게 하지 말라'(엡 4:30)라는 말씀과 더불어 '성령을 소멸하지 말라'(살전 5:19)라는 말씀이 기록되어 있습니다. 문제는 언제 성령님이 근심하시고 소멸되시는지에 대해 잘 모르고 있다는 것입니다. 내 안에서 근심하시고 계신지 슬퍼하시고 계신지 떠나시려고 준비하고 계신지를 도통 모른다는 것입니다.

그렇다면 언제 성령님께서 근심하실까요? 무엇 때문에 근심하시는 것일까요? 지금부터는 성령님이 근심하시는 이유와 근심하시는 사람에게 나타나는 몇 가지 특징에 대해 살펴보겠습니다.

> "내가 이르노니 너희는 성령을 따라 행하라 그리하면 육체의
> 욕심을 이루지 아니하리라 육체의 소욕은 성령을 거스르고
> 성령은 육체를 거스르나니 이 둘이 서로 대적함으로 너희가
> 원하는 것을 하지 못하게 하려 함이니라"(갈 5:16-17)

그렇습니다. 육체와 성령은 대적하며 서로 거스릅니다. 육체의 소욕과 성령은 함께 갈 수 없습니다. 우리가 육체의 일들을 행하고 있다면, 육체의 정욕대로 살아가고 있다면 성령님은 근심하실 수밖에 없습니다(갈 5:19-21). 육체의 소욕대로 살아간다면 결국 성령님이 우리와 동행하실 수가 없다는 것입니다.

많은 크리스천들이 성령님과 동행하는 삶을 꿈꿉니다. 소망합니다. 어떻게 할 때 성령님과 동행할 수 있는지 묻습니다. 생각보다 정답은 단순합니다. 현재 자신의 신앙생활의 모습을 점검해 보시면 됩니다.

성령께서 말씀하실 때 순종하고 계십니까? 죄와 싸워 나가고 계십니까? 말씀과 기도로 거룩해지기 위해 몸부림치고 계십니까? 예배에 목숨을 걸고 계십니까? 이러한 삶을 살고 있다면 성령님과 동행하는 삶일 가능성이 큽니다. 반면에 육체의 소욕이 드러나는 삶

을 살고 계십니까? 세상적인 방법과 관점을 추구하고 계십니까? 불법과 불의 앞에서 쉽게 타협해 버리십니까? 경건하십니까? 양심의 가책을 일으키는 행동을 스스럼없이 행하고 계십니까? 내 생각대로, 내 감정대로, 내 뜻대로 행하고 계십니까? 하나님의 뜻보다 내 뜻이 더 중요합니까? 하나님의 계획보다 내 계획이 앞서가고 있습니까? 아직도 여전히 하나님의 나라보다 내 나라를 더 중요하게 여기고 계십니까?

만약 이러한 삶을 살고 계신다면 성령님께서 근심하십니다. 행여라도 내가 현재 성령님을 근심시키고 있는지 아닌지를 깊이 묵상해 보아야 합니다. 만약 현재 성령님을 근심시키고 있다면 그 열매가 나타납니다. 나에게도 성령님이 근심하시는 특징이 나타나고 있을까요? 과연 그 특징은 무엇일까요?

첫째, 하나님을 향한 사랑이 첫사랑의 흔적으로 사라져 버립니다.

하나님을 인격적으로 만났을 때 우리는 감격했습니다. 감동했습니다. 마치 구름 위를 걷는 것처럼 하나님의 놀라운 사랑에 통곡했습니다. 그러나 이제는 하나님을 향한 사랑도 추억이 되어 버렸습니다.

"그때는 그랬었지, 내가 그렇게 뜨겁게 하나님을 사랑했었지, 그때 하나님께서 나에게 말씀하셨었지.."

그때는 그랬지만 지금은 그렇지 않으십니까? 무엇이 문제일까요? 누구의 문제일까요? 하나님일까요, 우리일까요?

문제는 하나님을 향한 첫사랑의 흔적을 가지고도 신앙생활을 할 수 있다는 것입니다. 성령세례를 받고 충만함을 받고 뜨겁게 예배했던 기억을 가지고서도 충분히 믿음생활을 할 수 있다는 것입니다. 그러나 이러한 신앙이 성령님을 근심케 합니다. 하나님을 아프게 합니다.

"10년 전에 내가 그랬었지, 청년 때에 나도 저렇게 뜨거웠었지.."

하나님의 사랑은 현재 진행형인데 우리의 사랑은 과거 완료형이 되어 버렸습니다. 과거가 되어버린 성령체험이 오히려 바리새인으로 만들어 버렸습니다. 완고한 종교인으로 만들어 버렸습니다.

하나님은 어제나 오늘이나 영원히 동일하십니다. 과거 완료형의 주인공이 아니십니다. 지금도 하나님께서 운행하시는 역사는 진행 중입니다. 우리의 신앙이 하나님께 책망을 받았던 에베소 교회가 아닌지 점검해 보아야 합니다(계 2:1-7). 하나님께서는 첫사랑을 잃어버린 에베소 교회를 바라보시며 근심하셨습니다. [33]

둘째, 어느 순간 회개가 사라져 버렸습니다. 회개기도도 하지 않

---

33 "너를 책망할 것이 있나니 너의 처음 사랑을 버렸느니라. 그러므로 어디서 떨어졌는지를 생각하고 회개하여 처음 행위를 가지라 만일 그리하지 아니하고 회개하지 아니하면 내가 네게 가서 네 촛대를 그 자리에서 옮기리라"(계 2:4-5)

게 되었습니다.

성령이 임하시면 죄에 대해, 의에 대해, 심판에 대해 친히 스승 되어 가르치시며 인도하십니다. 무엇보다도 죄에 대해 민감하게 하십니다. 죄와 싸울 힘과 능력도 주십니다. 속사람과 겉사람의 치열한 전쟁을 이끄시며 승리하게도 하십니다. 하지만 어느 순간 죄에 대한 내성이 생기면서 죄를 짓는 것을 두려워하지 않게 됩니다. 그 결과 더 이상 회개의 기도를 올리지 않습니다. 회개한 대로 살아보려고 몸부림치지도 않습니다. 문제는 그때부터 성령님이 근심하시기 시작한다는 것입니다.

하나님께서 분명히 말씀하셨습니다.

"오라 우리가 서로 변론하자 너희의 죄가 주홍 같을지라도 눈과 같이 희어질 것이요 진홍 같이 붉을지라도 양털 같이 희게 되리라"
(사 1:18)

'의인이 없나니 하나도 없도다'라고 말씀하셨습니다. 우리는 모두 다 죄인입니다. 감사하게도 하나님 앞에 나아와 회개하며 자복할 때 우리의 죄가 양털처럼 희어지게 됩니다. 죄 없다 인정해 주십니다. 거룩의 영으로 덮으시고 성령님께서 더욱 충만히 임재하십니다. 회개의 영을 부으시고 회개하도록 이끌어 주십니다.

그런데 죄와 타협해 버리고 더 이상 회개하지 않는다면 성령이 머무르실 수 없는 공간이 되어 버립니다. 죄가 있는 곳에 성령님이 함께 하실 수 없기 때문입니다. 회개하지 않는 곳에 성령님이 머무르실 수 없기 때문입니다. 회개하지 않았던 사데교회를 향해 책망하신 것처럼 우리에게도 지금 그 책망이 임할지 모릅니다.

"내가 네 행위를 아노니 네가 살았다 하는 이름은 가졌으나 죽은 자로다 회개하라 만일 일깨지 아니하면 내가 도둑 같이 이르리니 어느 때에 네게 이를는지 네가 알지 못하리라"(계 3:1, 3)

회개는 매일 해야 합니다. 생각으로 마음으로 행동으로 매일매일 죄를 짓기 때문입니다. 어느 순간 회개하고 있지 않다면, 회개한 대로 삶을 살아내지 못하고 있다면 성령님께서 근심하고 계시다는 전조증상입니다. 회개하지 않고 계속 죄를 짓게 된다면 성령께서 근심하시며 종국에는 소멸되실 수도 있다는 것을 명심해야 합니다.

셋째, 성령님을 근심시키는 사람들의 특징은 두 주인을 섬긴다는 것입니다. 세상과 재물을 섬깁니다. 맘몬의 영을 섬기면서 동시에 하나님도 섬깁니다. 하나님만을 섬기는 척 하기도 합니다. 때때로 자신도 신앙이 있는 것처럼 속고 맙니다. 아나니아와 삽비라처럼 말입니다.

아나니아와 삽비라는 성령을 속이고도 양심에 가책을 받지 않았습니다. 그들을 바라보시던 성령님께서 심히 근심하셨습니다. 거짓의 영의 종속을 받은 결과 그들 안에 사탄이 가득하게 되었습니다(행 5:3).

근심하시던 성령께서 베드로를 통해 그들을 책망 하셨습니다.

"땅이 그대로 있을 때에는 네 땅이 아니며 판 후에도 네 마음대로 할 수가 없더냐 어찌하여 이 일을 네 마음에 두었느냐 사람에게 거짓말한 것이 아니요 하나님께로다"(행 5:4)

생각보다 많은 사람들이 성령님을 속입니다. 눈에 보이지 않기에 하나님을 속일 수 있다고 생각합니다. 예배를 드리는 척, 기도하는 척, 말씀을 읽는 척, 경건한 척, 우리는 쉽게 사람들을 속일 수 있습니다. 자기 자신을 속이며 '척! 척! 척!'하며 신앙생활을 할 수도 있습니다. 문제는 그때부터 성령님께서 근심하신다는 것입니다. 경건의 흉내를 내는 것이 아니라 경건한 삶을 살아내야 합니다. 하나님은 모든 것을 알고 계시기 때문입니다. 눈동자처럼 바라보고 계시기 때문입니다. 내 자신과 사람들과 하나님을 속이기 시작할 때부터 성령님께서 근심하시며 소멸되실 수도 있다는 것을 명심해야 합니다.

넷째, 능력을 상실합니다.

믿는 자들에게는 이런 표적이 따른다고 말씀하셨습니다. 예수님의 이름으로 귀신을 쫓아내고 새 방언을 말하며 병든 자들에게 손을 얹은즉 나으리라고 말씀하셨습니다(막 16:17-18). 그런데 어느 순간 능력이 사라져 버렸습니다. 예수님의 이름으로 대적해도 능력이 나타나지 않습니다. 사실 우리에게 능력이 나타나지 않는 것은 어쩌면 당연한 일인지도 모르겠습니다. 기도하지 않기 때문입니다.

예수님의 이름을 선포하지도, 마귀를 대적하지도 않기 때문입니다. 제자들이 예수님께 '왜 우리에게 능력이 나타나지 않습니까, 왜 우리는 귀신을 쫓아내지 못합니까'라고 물었을 때 단호하게 말씀하셨습니다.

"기도 외에 다른 것으로는 이런 종류가 나갈 수 없느니라"(막 9:29)

'오직 성령이 너희에게 임하시면 너희가 권능을 받는다'고 말씀하셨습니다(행 1:8). 성령님은 능력이십니다. 하지만 어느 순간 능력이 상실되어 버렸습니다. 능력의 원천이신 성령님의 통치가 사라져 가고 있기 때문입니다. 성령의 충만이 채워지지 않고 있기 때문입니다. 그때부터 성령님은 근심하시기 시작하십니다.

어쩌면 우리에게 능력이 나타나지 않을 수도 있습니다. 귀신을 쫓아내지 못할 수도, 방언을 말하지 못할 수도, 병든 자에게 손을 얹었을 때 치유되지 않을 수도 있습니다. 그러나 이 능력은 협의적 의미의 능력입니다. 은사적인 능력을 의미합니다. 광의적 의미의 능력은 '성령과 함께 하느냐, 동행하느냐, 통치하느냐'라고 말씀드릴 수 있겠습니다. 광의적 성령님의 능력은 삶으로 살아내는 능력입니다. 말씀대로 살아가는 능력입니다. 만약 삶으로 살아내는 능력을 상실했다면 성령님께서 근심하신다는 전조증상으로 판단하셔도 무방합니다.

이 외에도 성령께서 근심하시는 사람에게 나타나는 특징들이 수없이 많습니다. 그들은 어쩌면 이렇게 고백하고 있을지도 모릅니다.

"몇 년 동안 성령님으로부터 오는 감동을 받지 못하고 있습니다. 제게 더 이상 말씀하시지를 않아요."

"예배를 드려도 가슴이 설레지가 않아요. 십자가를 보아도 눈물이 나지가 않아요."

"신앙생활이 하나도 행복하지 않습니다. 평강과 희락이 사라져 버렸습니다."

"천국과 지옥이 어디 있어요? 죽어봐야 알지 어떻게 알아요!"

"성경이 믿어지지가 않네요. 의심과 불신의 마음이 자꾸 들어서 괴로워요."

심지어 '불안해서 죽을 것 같습니다. 죽고 싶어요. 매일 자살충동에 시달려요'라고 고백할지도 모릅니다.

삶 가운데 이러한 모습이 나타나고 있는지 점검해 보아야 합니다. 이러한 신앙생활을 하고 계시다면 '성령님께서 아예 내주하지 않으셨든지, 성령께서 내주하셨으나 근심하시고 계시든지' 둘 중의 하나입니다. 만약 이러한 상태라면 종국에는 믿음도 사라져 버립니다. 믿음이 사라져 버린다면 성령께서 근심하시고 소멸되실 수도 있습니다.

생각보다 교회를 다니는 분들 가운데 성령님을 근심시키는 분들이 많습니다. 소멸시키신 분들도 있습니다. 아예 성령님이 내주하지 않은 상태로 교회를 다니시는 분들도 의외로 많습니다. 형식적으로 종교적으로 그저 교회를 다니는 것입니다. 교회생활이 이미 습관처럼 내 몸에 장착되어 딱딱한 바리새인과 같은 종교인이 되어버린 것입니다.

무엇보다도 현재 내가 성령님과 동행하는 사람인지, 근심시키는 사람인지를 점검해야 합니다. 성령님께서는 예수님을 영접하고 믿을 때에 내주하십니다. 믿음을 통해 내주하시고 믿음이 있을 때 동행하실 수 있으십니다. 하지만 우리의 믿음이 약해진다면 근심하시고 결국 믿음을 잃어버린다면 소멸되실 수도 있습니다. 우리는 성령을 근심시키거나 소멸시키지 않도록 경계해야 합니다. 마귀가 배고파 우는 사자처럼 믿음이 사라지도록 하기 위해 총공격을 퍼붓고 있기 때문입니다.

"하나님의 성령을 근심하게 하지 말라 그 안에서 너희가 구원의 날까지 인치심을 받았느니라" (엡 4:30)

성령님과 동행하는 사람에게 나타나는 영성

성경을 살펴보면 하나님과 동행했던 사람들이 참 많이 등장합니다.

'아브라함, 모세, 여호수아, 사무엘, 다윗, 엘리야, 엘리사....'

이루 헤아릴 수 없을 만큼 많은 믿음의 선진들이 하나님과의 동행의 삶을 살다 천국으로 갔습니다. 에녹도 하나님과 동행했습니다.

"에녹이 하나님과 동행하더니 하나님이 그를 데려가시므로 세상에 있지 아니하였더라"(창 5:24)

얼마나 자녀와의 동행이 기쁘셨으면 에녹과 동행하다가 데려가셨다고 기록해 놓으셨을까요. 당대에 의인이라고 칭함 받았던 노아도 하나님과 동행의 삶을 살았습니다(창 6:9).

하나님 아버지의 유일한 소원은 사랑하는 자녀와 동행하는 것입니다. 구약시대는 성부하나님께서 동행해 주셨습니다. 신약시대에는 하나님께서 친히 인간의 모습으로 성육신 하시어 친히 동행해 주셨습니다. 하나님께서 예수님의 형상으로 오셔서 함께해 주셨습니다.

지금은 성령의 시대입니다. 예수의 영이신 성령님께서 동행하기 위해 보혜사로 우리의 영 안에 내주하셨습니다. 하나님께서는 자녀와 동행하기 위해 모든 것을 다 포기하셨습니다. 심지어 십자가에서 죽으심으로 그 놀라운 사랑을 확증해 주셨습니다(롬 5:8). 사랑하기 때문에 죽기까지 함께하고 싶어 우리 안에서 동행의 삶을 시작하셨습니다. 성령의 모습으로 말입니다.

언뜻 생각하면 동행의 단어가 참으로 멋져 보입니다. 가로수가 우거진 숲길을 누군가와 함께 걷는 모습이 연상됩니다. 햇살이 따스하게 내려쬐는 창가에 앉아 막 내린 커피를 마시는 장면이 떠오르기도 합니다. 당대의 의인이라 칭했던 노아도 하나님과 이런 아름다운 동행의 삶을 살았을까요? 에녹은 어땠을까요? 어쩌면 그랬을지도 모릅니다. 그러나 성경에 기록된 실상은 혹독했습니다.

하나님과 동행했다고 기록되어 있는 노아는 120년 동안 홀로 방주를 지어야 했습니다. '하나님께 돌아오라'고 외쳤지만 아무도 그의 말을 듣지 않았습니다. '방주로 들어오라'고 소리쳤지만 자신의 가족 이외에는 누구도 그의 말을 듣지 않았습니다. 그의 삶은 참으로 외로웠습니다. 그의 유일한 친구는 하나님밖에 없었습니다.

사도 바울도 마찬가지였습니다. 성령님과 동행하면서 하나님의 감동으로 신약성경의 대부분을 기록한 그였지만 그의 삶은 참으로 비참했습니다. 굶주리고 매를 맞고 죽을 고비를 수차례 넘겨야 했습니다. 유대인 중의 유대인이며 바리새인 중의 바리새인이라고 스스로를 자랑했지만 그는 모든 것을 다 포기해야 했습니다. 그의 삶 전체는 영적인 전쟁이었습니다.

생각보다 하나님과의 동행의 삶은 쉽지 않습니다. 하나님께서 우리와 동행하시기 위해 합당한 그릇으로 빚어 가시기 때문입니다.

외부적인 죄성을 끊어내게 하시며 내부적인 죄들을 들춰내기도 하십니다. 내 안에서 친히 군대대장 되시어 치열하게 싸워주십니다. 삶을 내려놓게 하십니다. 포기하게도 하십니다. 비워진 그릇에 성령으로 채우기 위해서입니다. 때때로 토기장이 하나님의 빚어가심이 참으로 고통스럽게 느껴지기도 합니다. 엄청난 훈련과 연단을 감당하게 하실 때에는 믿음을 포기하고도 싶어집니다.

과연 어떻게 할 때 성령님과의 동행의 삶이 시작될 수 있을까요? 엄청난 능력을 받고 나면 동행의 삶이 시작되는 것일까요? 무엇보다도 성령님을 담을 수 있는 그릇을 만들어야 합니다. 성령과 함께하는 영성으로 빚어져 가야 합니다. 영성을 훈련해야 합니다. 성령님의 통치를 받아야 합니다. 성령님의 통치 안에서 진정한 동행이 시작되고 완성되기 때문입니다.

가장 먼저 성령님을 환영하십시오. 성령님께 말을 붙이시는 훈련을 하십시오.

"성령님, 오소서, 인정합니다. 환영합니다. 의지하고 모셔 들입니다. 사랑합니다."

일상 속에서 하나님께 말을 거십시오. 사소한 것이라 할지라도 곁에 계신 것처럼 그분께 말을 건네 보십시오. 어색할지라도 그 훈련을 멈추지 마십시오. 분명 하나님께서는 듣고 계십니다. 성령님과의 동행의 삶이 시작된다면 우리에게 말을 건네시는 성령님의 음성을 듣게 될 것입니다.

성령님을 더욱 의지하십시오. 사람은 의지할 대상이 아니라 오직 사랑할 대상이라고 했습니다. 우리가 의지할 대상은 오직 하나님뿐입니다.

성령님의 임재를 사모하십시오. 설령 성령님의 임재가 느껴지지 않는다 할지라도 낙심하지 마십시오. 기다리십시오. 기대하십시오. 때가 차면 하나님의 임재로 가득 채워주실 것입니다.

성령님의 인도하심을 믿으십시오. 성령님의 음성을 외면하지 마십시오. 기도의 분량을 늘리십시오. 말씀과 기도를 붙잡으십시오. 성령의 충만함을 구하십시오. 마귀에게 틈을 주지 마십시오. 속사람과 겉사람의 싸움에서 결코 물러서지 마십시오. 성령님을 근심시키지 마십시오. 성령님과 쉬지 말고 교제하십시오.

결코 성령님과의 동행의 삶은 쉽지 않습니다. 그러나 포기하지만 않는다면 아름다운 열매를 맺게 하실 것입니다. 인격적인 하나님과 동행하게 된다면 하나님의 성품을 닮아갈 것입니다. 자신도 모르는 사이 성령의 열매가 맺혀져 있을 것입니다. 성령님의 능력이 나타날 것입니다. 권세가 나타날 것입니다. 거룩의 열매가 맺어질 것입니다. 분명 우리는 성령님과 동행하는 삶 속에서 정금같이 되어 나올 것입니다. 성령님께 단련되고 또 단련되어 아름다운 열매 맺는 삶으로 인도함을 받을 것입니다.

"내가 가는 길을 그가 아시나니 그가 나를 단련하신 후에는
내가 순금 같이 되어 나오리라"(욥 23:10)

PART 4. ——————— 성령님의 열매맺는 삶

"오직 성령의 열매는 사랑과 희락과 화평과
오래 참음과 자비와 양선과 충선과 온유와 절제니
이같은 것을 금지할 법이 없느니라"
(갈 5:22-23)

"한 사람이 두 주인을 섬기지 못할 것이니 혹 이를 미워하고 사랑하거나 혹 이를 중히 여기고 경히 여김이라 너희가 하나님과 재물을 겸하여 섬기지 못하느니라"(마 6:24)

그렇습니다. 우리는 결코 하나님과 재물을 동시에 섬길 수 없습니다. 하나님과 세상을 둘 다 사랑할 수도 없습니다. 분명한 것은 세상과 구별되어 살고자 몸부림치는 자녀의 인생을 아버지께서 책임지신다는 것입니다. 세상의 재물보다 하나님만을 선택하는 자녀들을 세상의 빛과 소금으로 빚어 가신다는 것입니다.

지금 하나님께서는 이러한 거룩한 사명을 가진 하나님의 사람들을 찾고 계십니다. 성령님과 동행하는 자녀들을 부르고 계십니다.

"세상의 재물보다, 명예보다, 성공보다 하나님을 더 경외하는 성령의 사람들이 어디 있느냐, 거룩한 자녀들이 어디 있느냐, 세상과 구별된 나실인들이 어디 있느냐, 그들을 찾는다면 성령을 통해 열매 맺는 삶으로 인도하리라."

바로 여러분이 하나님이 찾으시는 거룩한 그 한 사람입니다. 하나님께서 인정하시는 의인입니다. 성령님과 동행하는 하나님과 합한 그 한 사람입니다.

지금부터 우리는 우리 안에 숨겨진 하나님의 성품을 드러내야 합니다. 우리 안에 내재된 하나님의 신성을 발견해야 합니다. 잠재된 하나님의 권세를 찾아내야 합니다. 우리가 성령님과 동행하는 삶을 살게 된다면 이러한 열매들이 반드시 맺혀질 것입니다. 거룩의 열매가 맺혀집니다. 혀의 권세가 생깁니다. 성령의 열매가 맺혀집니다. 능력이 나타납니다. 종국에는 권능의 열매도 맺혀질 것입니다.

성령님과 동행하는 삶을 살 때 맺혀지는 아름다운 열매들을 결코 놓치지 마십시오. 사랑하는 자녀에게 예비해 놓으신 하나님의 축복입니다. 놀라운 하나님 아버지의 선물입니다.

하나님이 찾으시는 거룩한 사람의 특징

"내가 거룩하니 너희도 거룩할지어다!"(레 11:45)
하나님께서는 거룩을 명령하고 계십니다. 거룩은 하나님의 성품입니다. 흔히들 거룩하다고 말할 때 죄를 짓지 않는 것으로만 국한하여 생각하는 경향이 있습니다. 엄밀히 따진다면 그것은 단회성의 거룩을 유지하는 방법입니다. 거룩한 상태를 계속 유지하기 위해서는 삶으로 살아내야 합니다. 삶의 연속선상에서 성화되어 나갈 때 진정한 거룩한 사람이라 하나님께 칭찬을 받을 수 있다는 것입니다.

대부분의 사람들은 눈에 보이는 것으로 느껴지는 것으로 거룩한지 아닌지를 평가합니다. 그러나 하나님께서는 이러한 외적인 조건으로 평가하지 않으십니다. 하나님은 중심을 보시는 분이기 때문입니다.

거룩하신 분은 오직 하나님 한 분뿐입니다. 인간은 결코 거룩한 존재가 될 수 없습니다. 태생적으로 거룩하지 않은 존재로 태어났습니다. 마귀의 자식으로, 본질상 진노의 자녀로 태어났습니다(요 8:44). 이는 성경이 말하고 있는 진리입니다. 아무리 거룩하기 위해 몸부림친다 할지라도 본질 자체가 거룩해질 수 없는 존재라는 것입니다. 거룩해지는 유일한 방법은 거룩의 영이신 성령께서 내주하실 때만 가능합니다. 마치 죄인이었으나 예수님을 영접함으로 의인으로 칭해 주시는 것과 같은 원리입니다. 성령님께서 우리의 영혼육을 덮어주실 때야 비로소 거룩한 존재가 되기 시작한다는 것입니다.

감사하게도 성령님께서 내주하신 이후부터 본격적으로 우리를 거룩한 자로 빚기 위해 성화시켜 나가십니다. 속사람과 겉사람의 치열한 영적전쟁을 통해 거룩한 모습으로 빚어 가시는 것입니다. 앞서 언급했던 것처럼 속사람은 성령님과 우리의 영을 의미합니다. 겉사람은 옛 아비 마귀로부터 비롯된 혼과 육의 영역에 흡착되어 있는 죄된 속성과 자아를 의미합니다. 만약 속사람과 겉사람의 전쟁에서 속사람이 승리하게 된다면 그때서야 비로소 거룩한 자라 인정해 주시는 것입니다.

그렇다면 어떠한 삶을 살고 있는 사람에게 거룩한 자라 인정해 주시는 것일까요? 거룩한 사람에게 맺어지는 열매는 어떤 것이 있을까요?

무엇보다도 거룩한 사람들은 세상과 구별된 삶을 살아갑니다. 세상과 구별되어 산다는 것은 칩거생활을 하며 기도원으로 들어간다는 의미가 아닙니다. '세상 속에서도 흔들리지 않고 굳건한 믿음으로 하나님을 섬기는 삶'이 바로 세상과 구별되는 삶입니다.

물론 세상과 구별된 삶을 살아감으로 핍박과 힐난과 정죄와 판단을 받을 수도 있을 것입니다. 그럼에도 세상 속에서 당당히 하나님의 자녀의 정체성을 드러내는 삶을 살아갈 때 거룩한 자라 인정해 주신다는 것입니다. 세상과 구별되어 산다는 것은 세상 속에서도 하나님의 자녀로서 자신을 숨기지 않고 드러내며 살아가는 것입니다. 범사에 하나님을 인정하는 삶을 살아가는 것입니다. 이러한 삶이 바로 세상과 구별되어 사는 거룩한 사람에게 나타나는 모습입니다. 성령님과 동행하는 사람에게 맺혀지는 열매입니다.

세상과 구별되는 삶을 살기 시작할 때부터 경건해지기 시작합니다. 음란, 불법과 불의, 시기, 질투, 분쟁, 다툼, 중독, 불순종의 현장에서 박차고 일어날 때 경건한 삶이 시작됩니다. 세상의 신인 사탄이 잠식하고 있는 악의 소굴에서 빠져 나올 때 죄가 하나하나 벗겨지며 거룩함을 입게 되는 것입니다.

음란의 자리에서 기도의 자리로, 술 취함의 자리에서 예배의 자리로, 불법의 자리에서 선교의 자리로, 우리의 자리를 바꿔가며 하나님을 선택할 때 삶은 경건해지게 됩니다. 경건한 삶을 통해 영혼육의 전반의 영역에서 거룩성이 입혀지게 되는 것입니다. 경건한 삶과 거룩성을 입는 것과는 전혀 무관하지 않습니다. 경건한 삶 속에 우리의 영혼육이 거룩해지기 때문입니다.

둘째, 세상의 소리에 자유하다는 특징이 있습니다. 세상과 구별된 삶, 경건한 삶을 살아내기 위해 결단하며 나아갈 때 세상의 소리들이 공격해 올 것입니다. '술 취하지 말라'는 말씀에 순종하기 위해 회식 자리에서 '나는 크리스천입니다. 술을 결코 마시지 않겠습니다'라고 선언한다면 세상은 어떻게 반응할까요? 이권이 걸린 자리에서 '나는 더 이상 불법과 불의를 저지르지 않겠습니다'라고 말한다면 어떤 일이 일어날까요? 아마도 세상의 많은 소리들이 흔들어대며 핍박할 것입니다. 가족이, 가장 가까운 친구가, 직장동료가, 심지어 자신을 낳아 준 부모마저도 이렇게 공격할지도 모릅니다.

"다른 사람들 믿는 것을 좀 봐. 대충 믿잖아! 그렇게 안 해도 되잖아! 네가 하나님을 믿는 것은 아는데 그렇게까지 구별되게 믿을 필요는 없잖아!"

"야! 너만 하나님 믿냐? 다른 사람들은 술 마시면서도 하나님 잘 믿잖아! 왜 이렇게 유별나게 굴어!"

이것이 바로 경건한 삶을 살아갈 때 들을 수 있는 세상의 소리입니다. 사실 이 시기를 견뎌내는 것이 가장 어렵습니다. 사탄이 경건한 삶을 살지 못하도록 끊임없이 유혹하기 때문입니다. 보고, 듣고, 만지고, 느끼는 이 세상의 영역은 이미 사탄이 뿌려놓은 더러운 기운들로 오염되어 있기 때문입니다. 사탄으로부터 뿜어져 나오는 죄의 본성은 이제 하나님을 제대로 섬길 수 없도록 이 세상을 장악해 버렸기 때문입니다.

셋째, 입으로 시인한 것을 지키기 위해 몸부림치는 삶을 사는 사람들입니다. 입술로는 하나님을 사랑한다고 고백하고 있지만 여전히 죄 속에 거하고 있다면 거룩한 삶을 살고 있지 못하고 있다는 증거입니다. 입으로 시인한 것을 삶 속에서도 지켜내기 위해 최선을 다하는 사람을 거룩한 자라 인정하신다는 것입니다.

넷째, 말씀을 붙잡고 삶으로 살아내기 위해 결단하며 순종하는 사람을 거룩한 자라 칭해 주십니다. 만약 '주 너의 하나님을 사랑하라'(마 22:37)는 말씀을 품었다면 하나님을 사랑하기 위하여 몸부림칠 것입니다. 기도의 자리에 나와 하나님을 사랑하기 위하여 부르짖을 것입니다. 바로 이러한 사람을 거룩한 자라 인정하십니다. '네 이웃을 네 자신과 같이 사랑하라'(마 22:39)는 말씀을 지키기 위해 섬김의 종으로 사는 사람을 거룩한 자라 말씀하시는 것입니다.

하나님께 거룩한 자라 칭함 받은 사람은 오히려 세상에서는 초라하고 무능력해 보일 수 있습니다. 앞뒤가 꽉 막힌 사람처럼 보일 수 있을 것입니다. '오직 예수! 오직 복음!'만을 외치기에 때로는 사람들의 마음을 어렵게 하는 사람일 수도 있겠습니다. 그러나 그들은 높아지기 위해 더 이상 몸부림치지 않습니다. 세상과 타협하지도 않습니다. 때로는 고지식할 정도로 세상 속에서 구별되어 살아갑니다. 세상과 하나님을 겸하여 섬기고 있지 않기 때문입니다. 그들의 영 안에 이미 하나님 나라, 천국이 이루어졌기 때문입니다.

마지막으로, 자기 영광과 명예, 성공과 재물을 배설물처럼 다 내려놓은 사람입니다. 하나님께서는 세상의 재물보다, 명예보다, 성공보다 하나님을 선택하는 자녀와 동행해 주십니다. 비록 그가 세상에서 소외된 소자일지라도 오직 하나님으로 인하여 기뻐하는 그 사람을 보시며 '너는 의인이구나, 거룩한 하나님의 사람이구나'라고 말씀하시며 인정해 주신다는 것입니다.

하나님께서는 중심을 보십니다. 주일에 한 번 예배드리고 세상과 흡수되어 살아가고 있는 사람을 거룩하다 하지 않으십니다. 세상과 구별되고, 세상의 소리에 잠식되지 않으려고 몸부림치는 자녀를 긍휼의 시선으로 바라보고 계십니다. 세상의 판단과 힐난을 받을지라도 하나님만을 바라보는 그 자녀를 외면하지 않으십니다. 하나님의 자녀의 삶을 당당히 살아갈 때 우리의 영에 거룩성을 입혀 주십니다. 그를 의인이라 하시며, 거룩한 자라 칭하시는 것입니다. '세상을 선택할 것이냐, 하나님을 선택할 것이냐'의 기로에서 하나님을 선택했기 때문입니다.

"오직 너희를 부르신 거룩한 이처럼 너희도 모든 행실에 거룩한 자가 되라 기록되었으되 내가 거룩하니 너희도 거룩할 지어다 하셨느니라"(벧전 1:15-16)

내게 있는 혀의 권세를 강화시키는 방법

앞의 Part 3 성령님과 동행하는 삶 편에서 '속사람이신 성령께서 빚어 가시는 방법'에 대해 살펴보았습니다. 능력의 사람으로 빚어 내기 위한 다양한 훈련과 연단에 대해 함께 나눠 보았습니다.[34]

가장 먼저 성령이 임하시면 외부적인 죄성을 끊어내시고 다루신 다고 말씀 드렸습니다. 누가 보아도 죄라고 여겨지는 죄성들을 끊 어내기 위해 성령께서 쉬지 않고 죄에 대해 말씀하시며 이끄시는 것입니다.

겉으로 드러나는 죄들을 정리하고 나면 우리의 감정 안에 담겨 있는 내부적인 죄성들을 들춰내십니다. 마음속 깊이 내재된 감정들 을 들춰내십니다. 예수님을 믿기 전에는 죄라고 여기지 않았던 시 기, 질투, 이간질, 분노, 미움, 저주, 원망, 불평 등의 감정을 다루시 며 성화시켜 나가시는 것입니다.

잠언 말씀에 '남의 말은 별식과 같아서 뱃속에서 달다'고 기록되 어 있습니다. 다른 사람을 향한 비방과 판단의 말을 하는 것이 우리 에게 이제 습관이 되어 버렸습니다. 오죽했으면 남의 흉을 보는 것 이 별식이라고 표현했겠습니까? 이러한 기질이 있는 사람에게 성 령이 임하시면 그것이 죄라는 것을 깨닫게 하십니다. 혼의 감정에

---

34 능력의 사람으로 빚어내기 위한 성령님의 5단계 훈련
   1) 1단계 훈련 : 외부적인 죄성들을 끊어내는 단계
   2) 2단계 훈련 : 내부적인 죄성들을 들춰내는 단계
   3) 3단계 훈련 : 혀의 권세가 나타나는 단계
   4) 4단계 훈련 : 성령의 열매가 맺혀지는 단계
   5) 5단계 훈련 : 하나님의 권능을 가진 용사로 빚어지는 단계

서 비롯된 상처를 치유하시고 쓴뿌리를 제거하시면서 회복시켜 나가십니다. 이미 자신의 겉사람의 기질과 성품으로 고착되어 있어 분리되기가 쉽지는 않겠지만 들춰내질 때마다 성령님의 능력으로 치유하시고 회복시켜 나가시는 것입니다.

우리는 주변에서 세상과 구별되지 않는 크리스천들을 종종 보게 됩니다. 주일에는 교회에 나와 예배를 드리지만 그 외의 시간은 크리스천인지 아닌지 구별이 잘 되지 않습니다. 세상 사람이나 크리스천이나 별반 다르지 않습니다. 하지만 성령님과 동행하면서 거룩해진다면 구별이 되기 시작합니다. 세상 속에서 드러나게 됩니다. 어둠 속에서 빛을 발하는 것처럼 차이가 나기 시작합니다.

"저 사람은 신실한 하나님의 사람이야, 하나님을 진짜로 믿는 사람이야!"

"역시! 하나님을 믿는 사람은 뭔가 다르긴 다르네."

혹시 주변 사람들로부터 '저 사람은 크리스천인데 뭔가 좀 특별해'라는 말을 듣고 계십니까? 지금 이 시선을 받고 있다면 세상과 구별된 삶을 살기 시작한 것입니다. 그렇다면 진정한 크리스천입니다. 성령님과 동행하는 사람입니다. 성화의 과정을 걷고 있는 하나님의 자녀입니다.

솔직히 말해 많은 크리스천들이 세상과 구별되어 살아가는 것을 두려워합니다. 불편하기 때문입니다. 행여 차별을 받을까 두려워하기 때문입니다. 이러한 불이익을 감수하면서까지 하나님만을 섬기기로 작정했다면 그때부터 혀의 권세가 나타나기 시작합니다. 죄와의 분리가 시작될 때부터 입술에서 나오는 권세가 강화됩니다. 거룩해지면 질수록 혀의 권세가 날로 강화되어 나갑니다. 입술로 선포할 때 역사가 일어납니다.

그렇다면 자신에게 혀의 권세가 있는지 없는지 어떻게 분별할 수 있을까요?[35] 생각보다 쉽습니다. 일상의 삶 가운데 쏟아내고 있는 말들을 점검해 보시면 됩니다.

"사랑해요, 감사해요. 미안해요. 용서하세요."

현재 겸손의 말, 온유의 말, 사랑의 말들이 나오고 계신지요? 하나님의 성품을 드러내며 세상의 빛과 소금의 역할을 감당하는 말을 하고 계신지요? 만약 이러한 말들이 흘러나오고 있다면 성령의 열매가 맺혀지고 있는 상태이므로 혀의 주권자는 성령님이십니다.

반대로 지금 쏟아내고 있는 말들이 저주와 원망, 불의와 불법의 말입니까? 사탄이 넣어주는 생각과 말과 행동으로 사람들을 아프게 하고 계십니까? 사탄은 죽이는 영이기 때문에 사탄의 통로를 통

---

[35] 자신에게 혀의 권세가 있는지 없는지 분별하는 체크 포인트
    1) 혀를 길들일 수 있는가? 혀를 다스릴 수 있는가?
    2) 현재 하나님을 찬송하면서도 사람을 저주하고 있는가?
    3) 한 입에서 감사와 불평이 함께 나오고 있는가?
    4) 악한 영을 대적할 때 떠나가는가?

해 주입받는 생각과 말은 주로 절망의 말입니다. 부정적인 말입니다. 다른 사람들을 영적으로 죽일 수 있는 말입니다. 사탄의 생각이 투영된 말을 계속적으로 뱉게 된다면 사탄의 영향력은 점점 더 커지게 됩니다.

무엇보다도 사탄으로부터 기인된 말을 뱉기 시작하면서부터 사탄의 기질이 그 사람의 인격과 성품으로 고착되기 시작한다는 것입니다. 완고하고 완악한 사람으로 변화되면서 사탄의 본성이 나타나게 되는 것입니다. 악한 영들이 통치하기 시작하면서부터 입술까지도 사탄에게 빼앗길 수 있다는 것입니다. 이러한 영적인 상태가 계속 된다면 혀의 권세를 사탄에게 빼앗기는 것은 시간문제입니다. 문제는 사탄의 입이 되어 많은 영혼들을 죽이는 사탄의 도구가 될 수도 있다는 것입니다.

야고보서 3장 6절에도 '혀는 곧 불이요 그 사르는 것이 지옥 불에서 난다'고 기록되어 있습니다. 맞습니다. 혀는 악이요, 죽이는 독을 뿜어내는 도구입니다. 누가 혀를 잡고 말하느냐에 따라 그 말이 약이 될 수도 독이 될 수도 있다는 것입니다. 누군가를 살릴 수도 죽일 수도 있다는 것입니다.

하나님께서 '마귀를 대적하라 그리하면 너희를 피하리라'라고 분명히 말씀하셨습니다(약 4:7). 하나님께서 주신 말씀으로 악한 영들을 대적합니다.

"예수 그리스도 이름으로 명하노니 악한 영들은 묶임을 놓고 떠나갈지어다! 무저갱으로 갈지어다!"

문제는 우리의 기대처럼 잘 떠나가지 않는다는 것입니다. 우리에게 능력과 권세가 없기 때문일까요? 그렇지 않습니다. 우리에게는 이미 예수님의 권세가 있습니다. 성령께서 내주해 계신다면 예수님의 권세와 능력이 내재되어 있기 때문에 명령할 때 마귀가 떠나가야 합니다. 믿는 자의 표적이 일어나야 합니다. 예수 이름으로 명령하고 대적할 때 어둠이 일곱 길로 떠나가야 합니다. 이것이 성경적 원리입니다.

하지만 실제로 그러한 일들은 잘 일어나지 않습니다. 혀의 주권자가 자기 자신이며 사탄에게 속했다면 역사는 잘 일어나지 않을 것입니다. 아무리 믿음을 가지고 대적한다 할지라도 떠나가지 않습니다. 혀의 권세가 없기 때문입니다. 혀의 권세를 사탄에게 빼앗겨 버렸기 때문입니다.

그렇다면 어떻게 할 때 우리의 혀에 권세가 강화되는 것일까요?[36] 언제부터 혀에서 권세가 나타나게 되는 것일까요?

---

36 혀의 권세가 강화될 때 받게 되는 3가지 축복
　1) 믿는 자의 표적과 예수 이름으로 명하는 권세가 강화됨 (행 16:18)
　2) 찬양과 기도의 권세가 활성화됨 (삼상 16:23)
　3) 말씀으로 사람을 축복할 수 있는 권세가 강화됨 (히 4:12)

첫째, 성령께서 내주하실 때부터 혀의 권세가 임하게 됩니다. 현재 권세가 나타나지 않고 있다 할지라도 성령께서 내주해 계시다면 잠재적인 권세를 소유하고 있다고 생각하셔도 무방합니다. 내재되어 있는 능력을 실상에서 드러나도록 하기 위해 성령님께서 그토록 훈련하시는 것입니다.

둘째, 말씀과 기도를 붙잡을 때부터 혀의 권세가 생기게 됩니다. 말씀과 기도를 통해 우리의 영이 거룩해지고 통로가 깨끗해질 때 우리의 혀에도 권세가 붙기 시작합니다(딤전 4:5). 하나님의 말씀과 멀어지려 할 때 혈과 육을 복종시켜 나가야 합니다. 순종의 훈련을 해야 합니다. 그리할 때 성령님의 통치가 강력해지므로 우리의 혀까지도 통치하실 수 있게 됩니다. 성령님께서 우리의 혀의 주권자가 되실 수 있습니다.

셋째, 하나님께 속한 말들을 뱉기 시작할 때부터 권세가 활성화될 수 있습니다. 앞서 언급했던 대로 현재 자신의 혀가 하나님께 속했는지 사탄에게 속했는지를 분별하셨다면 하나님께 속한 말만을 뱉을 수 있도록 노력하십시오. 재갈을 물리면서까지 혀를 다스리는 훈련을 시작한다면 놀라운 일이 일어날 것입니다.

넷째, 하나님의 말씀에 얼마나 순종하는 삶을 살고 있느냐에 따라 달라집니다. 또한 우리를 견인하는 리더가 '우리의 영'이 되느냐, '우리의 혼과 육'이 되느냐에 따라 혀의 주권자가 달라집니다. 혀의 권세가 생길수도 소멸될 수도 있습니다. 성령님의 음성에 순종하는 삶을 살 때 리더는 '우리의 영'이 될 수 있습니다. 우리의 영에 거하시는 성령님의 통치가 강력해질 수 있습니다. 반대로 우리의 혼과 육의 반응에 따라 살아간다면 혀의 주권자가 자기 자신 혹은 사탄이 될 수도 있습니다.

마지막으로, 기도하기 시작할 때부터 혀의 권세가 나타나기 시작합니다. 예수님께서도 '기도 외에 다른 것으로는 이런 귀신이 떠나갈 수 없느니라'고 말씀하셨습니다(막 9:29). 기도의 분량과 어둠을 쫓아내는 능력은 결코 무관하지 않습니다. 기도할 때 어둠이 일곱 길로 떠나갑니다. 기도할 때 역사가 일어납니다. 어둠을 쫓아내는 것은 우리의 능력 밖의 일입니다. 성령님께서 역사하시도록 단지 통로가 되어 드릴 뿐입니다. 하나님의 능력이 우리의 혀를 통해 거침없이 흘러나오도록 더욱 기도해야 합니다.

하나님께서 창조하신 혀조차도 하나님께서 사용하실 수 있도록 내어 드려야 합니다. 우리의 혀에서 만들어지는 그 말로 인해 한 사람을 살리기도 죽이기도 합니다(잠 18:21). 어떤 사람이 하는 말을 들으면 기분이 좋아지고 영혼이 살아납니다. 또 누군가의 말로 마음이 상해 밤새 불면증에 시달리기도 합니다. 이렇듯 우리의 혀에는 막강한 권세가 있습니다. 더 섬뜩한 것은 우리가 뱉은 말 한 마디 한 마디가 열매를 맺게 된다는 것입니다. 사망의 열매든, 생명의 열매든, 혀의 열매를 맺게 될 것이라고 경고하셨다는 것입니다(잠 18:21).

지금 내게 있는 혀의 권세를 찾기를 원하십니까? 열매를 맺는 삶을 살기를 소망하십니까? 그렇다면 전쟁을 시작하십시오. 악한 영에게 혀의 권세를 빼앗겼다면 대적하십시오. 혀의 권세를 찾아오십시오. 성령님이 혀의 주권자가 되셨다면 더욱 강력해질 수 있도록 순복의 삶을 사십시오. 그리할 때 우리에게 주어진 혀의 권세를 통해 하나님의 나라가 확장되어 나갈 것입니다.

> "선한 사람은 마음에 쌓은 선에서 선을 내고 악한 자는 그 쌓은 악에서 악을 내나니 이는 마음에 가득한 것을 입으로 말함이니라"(눅 6:45)
> "죽고 사는 것이 혀의 힘에 달렸나니 혀를 쓰기 좋아하는 자는 혀의 열매를 먹으리라"(잠 18:21)

권세, 능력, 권능의 그 미세한 차이

우리는 오늘도 기도합니다.
"하나님! 권세를 주시옵소서! 능력을 주시옵소서! 권능을 주시옵소서!"
막상 이렇게 기도하면서도 권세와 능력, 권능의 차이를 잘 모르는 경향이 있습니다. 무조건 좋은 것으로 여겨 하나님께 구합니다. 맞습니다. 권세와 능력과 권능은 하나님으로부터 온 최상의 선물입니다. 하지만 차이를 알고 구한다면 더 큰 축복으로 이어질 수 있다는 것입니다.

가장 먼저 권세는 무엇일까요? 언제 권세를 받게 될까요? 나에게는 어떠한 권세가 있을까요? 가장 기초적인 권세는 성령이 내주하시면서부터 받을 수 있게 됩니다. 성령이 내주하신다면 마귀의 자식에서 하나님의 자녀로 태생적 신분이 변화되면서 권세가 주어집니다. 하나님의 자녀가 되는 권세입니다.

"영접하는 자 곧 그 이름을 믿는 자들에게는 하나님의 자녀
가 되는 권세를 주셨으니"(요 1:12)
"성령이 친히 우리의 영과 더불어 우리가 하나님의 자녀인
것을 증언하시나니"(롬 8:16)

우리의 영 안에 성령께서 내주해 계심을 믿으십니까? 그렇다면 놀라운 권세가 이미 주어졌습니다. 하나님을 아바 아버지라고 부르는 자녀에게 주시는 권세입니다. 단서 조항은 성령께서 내주하실 때에야 비로소 권세가 주어진다는 것입니다. 진정으로 예수님을 영접하여 성령이 내주하심으로 하나님의 자녀가 되었을 때 받는 권세

입니다.[37] 그때부터 언제든지 권세를 사용할 수 있습니다.

그렇다면 우리가 사용할 수 있는 권세는 어떤 것이 있을까요? 헤아릴 수 없을 만큼 많습니다. 단지 보이지 않는 세계에서 일어나는 영적인 일이기에 확인할 수 없다는 것이지요.

우리는 예수 이름의 놀라운 권세를 사용할 수 있습니다. 권세란 하나님께서 자녀에게 주시는 영광스러운 권리입니다. 하나님께서 예수님의 이름을 사용할 수 있는 권세를 주셨습니다.[38] 눈에는 보이지 않지만 하나님의 눈에는 권세가 있는지 없는지 바로 알아보십니다. 권세가 있는 자녀들에게 성령님께서 인을 쳐놓으셨기 때문입니다. 약속의 성령으로 인치심을 받았기 때문입니다(엡 1:13).

또한 요한복음 14장 14절에도 '너희가 내 이름으로 무엇이든지 내게 구하면 내가 행하리라'고 말씀하셨습니다. 예수님의 이름으로 기도하면 응답해 주신다는 약속입니다. 우리는 언제든지 예수 이름의 권세를 사용할 수 있습니다(요 14:13). 분명한 것은 예수 이름으로 기도하면 할수록 권세가 강화된다는 것입니다. 귀신을 쫓아내는 권

---

37 하나님의 자녀로 살아가지 못하도록 막아서는 삶의 모습들
   1) 성령을 따라 행하지 않는 삶
   2) 육체의 욕심과 정욕대로 사는 삶
   3) 육체의 본성을 따라 사는 삶 (미루는 것, 생각만 앞서는 것)
   4) 결단하고 순종하는 못하는 삶
38 예수 이름에 담긴 3가지 놀라운 권세 (구원, 기도, 영적전쟁)
   1) 구원을 받을 수 있는 이름의 권세 (행 4:12)
   2) 기도에 있어서 그 이름을 사용할 수 있는 권세 (요 16:23-24)
   3) 영적전쟁에 있어서 예수 이름으로 마귀를 쫓아낼 수 있는 권세 (막 16:17-18)

세도 언제든지 사용할 수 있습니다. 이러한 권세를 제대로 사용하기만 한다면 엄청난 능력으로 나타날 수 있습니다. 악한 영들을 줄행랑치게 만들 수 있습니다. 악한 영들을 옴짝달싹 못한 채로 무저갱에 가두어 버릴 수도 있습니다. 이러한 권세는 믿음의 분량만큼 능력으로 나타나게 됩니다. 믿음이 없다면 아무런 역사가 일어나지 않을 수도 있습니다. 하나님께서 주신 모든 권세는 믿음을 통해 발현되기 때문입니다.

권세와 능력과의 관계를 쉽게 설명한다면 장롱면허에 비교할 수 있겠습니다. 운전면허를 취득했지만 사용하지 않는다면 운전 능력이 향상되지 않습니다. 하지만 면허를 받고 사용하다보면 어느새 탁월하게 운전할 수 있는 능력으로 나타나게 됩니다.

하나님의 자녀의 권세도, 예수님의 이름을 사용하는 권세도 마찬가지입니다. 문제는 권세가 눈에 보이지 않는다는 것입니다. 하지만 믿고 사용하다보면 어느 순간 눈에 보이는 능력으로 나타난다는 것입니다.

그렇다면 권세를 사용함으로 나타나는 능력은 무엇이 있을까요? 바로 믿는 자들에게 나타나는 표적입니다. 하나님의 자녀들이 권세를 사용할 때 드러나는 능력들입니다.

"믿는 자들에게는 이런 표적이 따르리니 곧 그들이 내 이름으로 귀신을 쫓아내고 새 방언을 말하며 뱀을 집어올리며 무슨 독을 마실지라도 해를 받지 아니하며 병든 사람에게 손을 얹은즉 나으리라 하시더라"(막 16:17-18)

우리에게 놀라운 권세가 있다는 것을 기억해야 합니다.[39] 문제는 아무리 좋은 것이라 할지라도 장롱면허처럼 사용하지 않는다면 아무 일도 일어나지 않는다는 것입니다. 하지만 그 권세를 꺼내어 사용한다면 엄청난 능력으로 나타나게 됩니다. 기도할 때 기도응답이라는 능력으로 나타날 수 있습니다. 권세를 가지고 악한 영들을 대적한다면 쫓아낼 수 있는 능력으로 발현되기도 합니다. 하나님께서 주신 권세는 사용하면 할수록 탁월한 능력으로 나타난다는 것을 기억해야 합니다.

마지막으로 권능은 무엇일까요?[40] 권능은 권세와 능력이 함께

---

39 내게 있는 권세를 활성화시킬 수 있는 방법 (마 28:18-20)
    1) 내게 권세가 있다는 것을 믿으라
    2) 권세를 사용하고 강화시켜라
    3) 하나님의 자녀의 삶을 살라
    4) 복음을 전파하고 많은 영혼들을 하나님께로 인도하라
40 권능이 나타나는 4단계
    1) 1단계(롬 8:14-15) : 거듭남의 단계 (성령님 내주)
    2) 2단계(요 1:12) : 하나님의 자녀로서의 권세를 가지는 단계
    3) 3단계(막 16:17-18) : 하나님의 자녀의 권세를 사용함으로 능력이 나타나는 단계
    4) 4단계(요 14:12-14) : 권능이 나타나는 단계 (성령의 9가지 열매 + 성령의 9가지 은사)

역사하는 것입니다. 권세와 능력이 활성화될 때 나타나는 능력입니다. 우리가 권세를 사용하는 만큼 능력으로 나타나고 그 능력이 성숙단계에 이르렀을 때 권능으로 펼쳐지는 것입니다. 권능은 능력과 다릅니다. 권능은 능력보다 더 상위단계에 있는 권세가 있는 능력입니다. 하나님의 형상을 드러내며 예수님이 행하신 일들을 행할 수 있는 놀라운 능력입니다.

성경에 나오는 인물 가운데 권능을 행했던 사람을 뽑는다면 누가 있을까요? 많은 이들이 있을 것입니다. 그 가운데 구약에서는 모세, 신약에서는 사도 바울이 대표적인 권능의 종이라고 말씀드릴 수 있겠습니다.

하나님께서는 모세를 통해 놀라운 기적을 일으키셨습니다. 출애굽을 할 때 10가지 재앙을 일으키셨습니다. 홍해를 가르고 마른 길을 내어 이스라엘 백성을 자유케 해주셨습니다. 애굽 사람들이 모세를 보며 하나님처럼 여겨지게 할 만큼 하나님의 신성을 확연히 나타냈습니다. 모세를 통해 하나님의 권능을 보여 주셨습니다. 하나님의 신성뿐만 아니라 모세에게는 하나님의 인성이 흘러 나왔습니다. '모세의 온유함이 지면의 모든 사람보다 더하다'고 성경에 기록될 만큼 하나님의 성품이 흘러 나왔습니다(민 12:3).

사도 바울도 마찬가지였습니다. 그는 예수님께서 행하셨던 기적과 표적을 보여 주었습니다. 죽은 자를 살리고 귀신 들린 자들을 고치며 병든 자들을 치유했습니다. 예수님께서 '나를 믿는 자는 내가 하는 일을 할 것이요 그보다 더 큰 일도 하리라'는 명령을 지켜냈습니다(요 14:12). 더불어 갈라디아서 5장 22절과 23절에 언급된 성령의 9가지 열매가 골고루 맺혀진 종이었습니다.

그렇다면 권능을 가진 사람에게 나타나는 특징은 무엇이 있을까요? 바로 하나님의 신성과 인성이 골고루 나타나고 있다는 것입니다. 하나님의 신성은 고린도전서 12장에서 언급된 9가지 성령의 은사와 믿는 자들에게 나타나는 표적이라고 설명드릴 수 있습니다. 예수님께서 공생애 3년 동안 보여주셨던 놀라운 능력들입니다.

더불어 하나님의 인성은 성령의 9가지 열매를 의미합니다. 사랑, 희락, 화평, 오래 참음, 자비, 양선, 충성, 온유, 절제 등 성령의 9가지 열매는 하나님의 성품입니다.

성령의 9가지 열매란 육체의 일과 대조되는 것으로서 사람이 만들어 낼 수 있는 것이 아닙니다. 성령님의 훈련과 연단을 통해 단련되어 질 때 나타나는 열매입니다. 성령의 열매는 하나님의 인격입니다. 하나님의 인성입니다.

성경을 보면 성령의 9가지 은사(gifts)는 복수로 기록되어 있습니다(고전 12:4-11, 28-31). 하지만 성령의 열매(the fruit of the Spirit is)는 단수로 표현되어 있습니다.

왜 그럴까요? 성령의 9가지 은사는 개별적으로 부어질 수 있습니다. 각 은사별로 분리되어 은사가 임할 수 있습니다. 방언의 은사가 부어질 수도 있고 영분별의 은사가 부어질 수 있습니다. 성령님의 뜻대로 9가지 은사를 각 사람의 필요에 따라 각각 나눠주실 수 있다는 것입니다. 그러나 성령의 열매는 제각각 개별적으로 분리된 속성이 아니라는 것입니다. 9가지 성령의 열매가 동시에 맺혀질 수도 있는 속성을 가지고 있습니다. 사랑이라는 열매가 맺혀지면 온유와 절제와 충성의 열매가 동시에 맺혀질 수 있습니다. 희락과 화평, 오래 참음의 성품도 동시에 맺어질 수 있다는 것입니다. 자비의 성품이 있다면 양선의 속성이 당연히 따라가는 것처럼 말입니다. 마치 살이 찌게 되면 전체적으로 찌고 빠져도 전체적으로 빠지는 것처럼 말입니다.

자신에게 현재 성령의 열매가 맺혔는지 아닌지 어떻게 알 수 있을까요? 생각보다 쉽습니다. 다른 사람들이 나를 어떻게 평가하고 있는지로 판단하시면 됩니다. 하나님의 성품으로 맺혀지고 있다면 금세 알아봅니다.

"저 집사님은 사랑이 많아, 온유해."

"저 목사님을 보면 예수님을 보는 것 같아. 그리스도의 향기가 풍겨."

주변 사람들로부터 온유한 사람이라는 말씀을 듣고 계십니까? 사랑의 사람이라는 평가를 받고 계십니까?

성령의 열매는 성령님의 다루심 속에서 맺혀져 가는 하나님의 성품입니다. 인격입니다. 하나님과 친밀한 교제를 나누고 있다면 아버지의 속성을 닮는 것은 당연합니다. 그분을 닮아가는 것이 당연합니다. 만일 성령의 열매를 맺지 못하고 있다면 성령의 다스림을 받고 있지 못하다는 증거입니다. 성령님과 동행하는 삶을 살지 못하고 있다는 확증입니다. 하루아침에 성령의 열매를 맺을 수는 없습니다. 오직 성령을 따라 행하므로 성령에 속한 사람이 될 때 열매를 맺게 됩니다.

기억할 것은 권능의 사람은 성령의 은사와 성령의 열매가 골고루 열매 맺혀진 사람이라는 것입니다. 바로 최초의 사람, 죄 짓기 전 아담처럼 말입니다.

하나님께서는 하나님의 형상을 따라 하나님의 모양대로 사람을 만드셨습니다(창 1:26). 최초의 사람인 아담이 그렇게 창조되었습니다. 아담을 흙으로 창조하실 때 하나님의 생기를 그 코에 불어 넣으셨습니다(창 2:7). 하나님의 신성과 인성을 아담에게 불어 넣어주셨습니다. 하나님의 아들로, 권능의 종으로 아담을 창조하셨습니다. 그러나 아담에게 죄가 투입되면서부터 하나님의 형상과 모양이 사라져 버렸습니다. 아담의 후예로 태어난 우리도 하나님의 형상과 모양을 잃어버린 채 사람의 아들로 태어나게 되었습니다. 본질상 진노의 자녀로 태생적 마귀의 자식으로 태어나게 된 것입니다(요 8:44).

하나님의 소원은 우리가 하나님의 형상과 모양대로 복원되는 것입니다. 하나님의 신성(성령의 9가지 은사)과 인성(성령의 9가지 열매)이 회복되는 것입니다. 하나님의 나라가 이 땅에 도래되는 것입니다. 하나님의 형상으로 복원된 권능의 사람들을 통해서 말입니다. 죄 짓기 전 아담의 형상으로 복원된 권능의 사람들을 통해서 말입니다.

사람이 보기에는 능력과 권능이 다 같은 것이라고 생각할지 모릅니다. 하지만 하나님 보시기에는 완전히 다릅니다. 사탄의 도구로 사용되는 사람을 통해서도 표적과 능력이 나타날 수 있다는 것입니다. 귀신을 쫓아내고 병든 자를 고치고 기적이 일어날 수도 있습니다. 무당에게도 마술사에게도 능력이 나타납니다. 심지어 사탄을 믿고 경배하는 종교인에게도 능력이 나타나는 것을 보게 됩니다.

그들이 가진 권세는 어떤 것일까요? 누가 그 권세를 준 것일까요? 바로 사탄입니다. 이 세상의 신인 사탄도 능력이 있습니다. 사탄에게 권세를 받고 사탄의 능력을 가지고 희한한 표적들을 일으키고 있는 사람들이 의외로 많습니다. 창세기에 뱀으로 등장했던 사탄이 요한계시록에 용으로 등장할 만큼 사탄에게도 막강한 권세가 있습니다. 심지어 성령께 이끌리어 40일을 금식하시던 예수님께도 천하만국과 영광을 보여 주며 사탄은 이렇게 유혹했습니다.

"만일 내게 엎드려 경배하면 이 모든 것을 네게 주리라"(마 4:8)

예수님을 시험했던 사탄이 지금도 우리를 유혹하고 있습니다. 어떻게 분별해야 할까요?

가장 먼저 누구로부터 권세를 받았느냐를 점검해야 합니다. 사탄에게 권세를 받았느냐, 하나님으로부터 권세를 받았느냐를 분별해야 합니다. 사탄으로부터 받았다면 사탄의 모양과 형상이 드러날 것입니다. 자신의 영광과 의를 드러내며 자랑할 것입니다. 교만할 것입니다. 돈을 요구할 것입니다. 육체의 것들과 사탄의 악한 성품이 드러날 것입니다. 분별하지 않은 상태로 능력에만 집중한다면 미혹될 수도 있기에 주의해야 합니다.

반대로 하나님께로부터 권세를 받았다면 하나님의 형상과 모양과 인격이 드러날 것입니다. 하나님의 신성이 나타날 것입니다. 성령의 열매의 향기가 풍겨져 나올 것입니다. 온유하며 자랑하지 아니하며 겸손함과 사랑으로 영혼들을 대할 것입니다.

우리는 능력보다 권능을 더욱 사모해야 합니다. 가장 먼저 권세를 받아야 합니다. 하나님의 자녀의 권세를 사용하고 또 사용해야 합니다. 능력에 환호하기보다 권능의 사람이 되기를 사모해야 합니다. 성령님과 동행하면서 열매 맺게 해달라고 기도해야 합니다. 성령의 열매가 맺혀질 수 있도록 훈련해야 합니다. 연단되고 연마되어야 합니다.

하나님께서는 고난과 고통, 고독 속에서도 오직 하나님만을 경배하는 사람들 가운데 선택하실 것입니다. 연단되고 연마되어져 이미 성령의 9가지 열매가 맺혀졌기에 성령의 9가지 은사를 붓는다 할지라도 자랑하지 않을 것입니다. 죽은 자를 살리는 권능이 나타난다 할지라도 겸손함으로 자신을 가릴 것입니다.

"하나님께서 다 하셨습니다. 모든 영광을 오직 하나님께만 올려 드립니다."

성령님의 손에 붙들린 겸손한 권능의 그 한 사람이 바로 여러분이 되기를 기도합니다.

> "예수께서 나아와 말씀하여 이르시되 하늘과 땅의 모든 권세를 내게 주셨으니 그러므로 너희는 가서 모든 민족을 제자로 삼아 아버지와 아들과 성령의 이름으로 세례를 베풀고 내가 너희에게 분부한 모든 것을 가르쳐 지키게 하라 볼지어다 내가 세상 끝 날까지 너희와 항상 함께 있으리라 하시니라"(마 28:18-20)

이른비와 늦은비의 성령을 받으라!

요엘 선지자는 마가다락방에서의 성령 강림의 역사적인 사건이 일어나기 800여년 전에 이렇게 예언했습니다.

"① 그 후에 내가 내 영을 만민에게 부어 주리니 너희 자녀들이 장래 일을 말할 것이며 너희 늙은이는 꿈을 꾸며 너희 젊은이는 이상을 볼 것이며 ② 그 때에 내가 또 내 영을 남종과 여종에게 부어 줄 것이며 내가 이적을 하늘과 땅에 베풀리니 곧 피와 불과 연기 기둥이라"(요엘 2:28-29)

①의 '내가 내 영을 만민에게 부어주겠다'는 예언은 사도행전 2장에 나오는 마가다락방에서 이미 성취되었습니다. 성령님께서 우리의 영 안의 성전에 내주하신 사건입니다(고전 3:16). 120명의 성도들에게 성령을 부어주심으로 그때부터 예수님을 영접하는 모든 만민에게 성령님이 내주하시게 되었습니다. 성령님께서 내주하시면서 성령님의 능력으로 예언을 하고 꿈을 꾸며 환상을 보게 되었습니다. 성령님에 통하여 하나님의 세계를 경험하게 되었습니다.

중요한 것은 ②의 '그 때에 내가 또 내 영을 남종과 여종에게 부어 줄 것이라'는 예언입니다. '또' 다시 부어주시는 성령의 부으심은 특별한 남종과 여종에게만 부어주시는 성령의 충만을 의미합니다. 이 예언은 마지막 때에 일어나게 될 특별한 성령의 부으심에 관한 내용입니다. 어떤 이는 이를 늦은비 성령이라고 표현하기도 합니다. 마지막 때에 강력한 추수를 위한 성령의 부으심입니다. 대부흥과 대추수의 때에 쓰실 종들에게 부어 주시는 성령의 부으심입니다. 예수님께서 다시 오시기 전에 성취될 일입니다.

두 번째의 성령의 부으심은 아무에게나 부어 주시는 것이 결코 아닙니다. 오직 하나님의 영광을 위해 훈련받고 연단되어진 종들에게 부어 주시는 권능의 기름 부으심인 것입니다. 바알신에게 무릎 꿇지 않는 7천명의 거룩한 용사에게 부어 주시는 것입니다. 기꺼이 순교까지도 불사하는 종들에게 부어질 것입니다. 자신은 죽고 오직 성령으로 충만한 남종과 여종을 통해 하나님의 때가 도래될 것입니다.

우리는 성령님이 없다면 불완전합니다. 하지만 성령님을 통해서 이제 모든 것을 다 할 수 있게 되었습니다. 내게 능력 주시는 성령님 안에서 모든 것을 할 수 있게 되었습니다(빌 4:13). 성령님께서 이른비 성령을 통해 우리의 영 안에 이미 내주해 계시기 때문입니다. 이제 늦은비 성령을 받을 차례입니다.

> "그러므로 형제들아 주께서 강림하시기까지 길이 참으라 보라 농부가 땅에서 나는 귀한 열매를 바라고 길이 참아 이른비와 늦은 비를 기다리나니 너희도 길이 참고 마음을 굳건하게 하라 주의 강림이 가까우니라"(약 5:7-8)

하나님께서 마지막 때에 준비된 남종과 여종을 통해 성령님의 권능을 펼쳐내실 것입니다. 예수님이 행하신 이적과 표적을 드러낼 종들이 불같이 일어날 것입니다. 하나님께서는 준비된 종들을 세우신 후에 요한계시록의 심판의 때를 시작할 것입니다.

성령님에 의해 권능의 도구로 빚어지는 사람들은 하나님의 군대입니다. 정예의 용사들입니다. 예수님께서 가라 하시면 가고 멈추라 하시면 멈추는 하나님의 사람들입니다. 죽으라 하신다면 죽을 수 있는 예수님을 향한 사랑과 믿음을 가진 성령의 사람들입니다.

하나님의 권능을 사모하십니까? 늦은비 성령을 충만히 받기를 원하십니까?

그렇다면 하나님 앞에 몸을 낮추십시오. 상황과 환경을 초월한 사랑과 믿음을 하나님께 보이십시오. 그것이 재물이든 성공이든 하나님보다 더 사랑하는 것이 있다면 버리는 훈련을 하십시오. 성령님의 통치를 사모하십시오. 성령님과 동행하십시오.

성령님과 동행하면서 열매가 맺어지게 될 때 권능이 나타날 것입니다. 권능으로 빚어진 우리를 '사람을 낚는 용사'로 세워 나가실 것입니다. 그렇게 준비된 권능의 종들을 통해 왕의 대로가 준비될 것입니다. 주의 오실 길이 예비 될 것입니다.

지금은 성령의 시대입니다.

예수님께서 부활하시고 승천하신 후에 바야흐로 성령의 시대가 열렸습니다. 성령이 운행하는 시대입니다. 성령께서 견인하시는 시대입니다. 성령이 통치하시는 시대입니다. 성령께서 교회를 세우시고 복음을 담대하게 전파하도록 이끌고 계십니다. 교회는 성령에 의해 잉태되었고 성령을 통해 성장하고 있습니다. 성령님이 교회의 시작이고 완성입니다. 뿌리 깊은 나무로 성장시키는 근원입니다. 강력한 엔진입니다.

예수의 영이신 성령님의 역사는 아직 끝나지 않았습니다. 성령 행전은 지금도 진행 중입니다. 주가 다시 오시는 그 날까지 진행 중입니다. 성령이 쓰시는 그 한 사람을 통해 전진해 나갈 것입니다. 믿음으로 순종하고 기도한 만큼 하나님의 권능은 부어질 것입니다.

성령의 강력한 부으심의 주인공은 바로 우리로부터 시작될 것입니다. 성령이 쓰시는 그 한 사람이 바로 여러분입니다.

"오직 성령이 너희에게 임하시면 너희가 권능을 받고 예루살렘과 온 유대와 사마리아와 땅 끝까지 이르러 내 증인이 되리라 하시니라"(행 1:8)

에필로그

"목사를 한문으로 어떻게 쓰더라..."

잘 떠오르지 않았습니다. 한참을 생각하다 끄적여 봅니다.

"木死.." (나무목, 죽을사)

성령님께서 주신 감동에 눈시울이 붉어집니다.

"내 종아, 목사는 양들을 위해 십자가에서 못 박혀 죽어야 할 사명을 지닌 자니라.."

주님, 그렇습니다.

양들을 위해 죽을 수 있는 십자가의 사랑을 부어 주소서.

그런 종으로, 그런 목사로 그렇게 살다가 부르심의 땅에서 순교하게 하소서.

몇 년 전, 어떤 분이 제게 물었습니다.

"선교사님, 왜 멕시코를 섬기는 선교사가 되셨나요?"

저는 그분께 이렇게 대답했습니다.

"하나님께서 중남미 땅에서 엄청난 부흥이 일어날 것이라고 말씀해 주셨기 때문입니다. 성령의 불로 추수를 시작하신다고 말씀하셨기 때문입니다."

아직도 여전히 처음 선교사로 부르셨을 때 주셨던 성령님의 음성이 심장에 새겨져 있습니다.

"내 종아, 추수가 시작되리라. 대부흥이 일어나리라. 초대교회의 성령의 역사가 중남미 땅에서 불같이 일어나리라!"

성령님께서 이 감동과 함께 창세기 11장의 말씀도 주셨습니다.

창세기 11장에 그 유명한 바벨탑 사건이 등장합니다. 그 당시에는 모든 사람들이 한 가지 언어를 사용하고 있었습니다. 언어소통에 전혀 문제가 없었습니다. 그런데 문제가 발생되었습니다.

"자! 우리의 성을 세우자. 꼭대기가 하늘까지 닿는 탑을 쌓자. 그래서 우리 이름을 널리 알리자!"(창 11:4)

하나님 아버지는 자녀들이 하는 말을 듣고 억장이 무너져 내렸습니다.

"이들에게 한 가지 언어를 허락한 것은 하나님을 사랑하고 이웃을 사랑하기 위함일진대 오히려 한 가지 언어로 하나님을 대적하는구나.."

'이들의 언어가 하나이기에 이 같은 일을 했다' 하시며 언어를 혼잡하게 하셨습니다(창 11:6-7). 언어가 소통되지 않으니 흩어질 수밖에 없었습니다. 바벨탑 사건 이후에 흩어진 이들은 생육하고 번성했습니다. 그렇게 시간이 흘렀습니다. 수많은 언어가 파생되고 또 파생되었습니다.

여러분, 혹시 지금 얼마나 많은 언어들이 사용되고 있는지 아십니까?

현재 전 세계에서 사용하고 있는 언어는 7천개 이상이 넘는다고 합니다. 그런데 신기하게도 중남미 대륙만은 브라질(포르투갈어)을 제외한 거의 대부분의 나라에서 스페인어를 공용어로 사용하고 있다는 것입니다. 멕시코를 시작으로 과테말라, 엘살바도르, 코스타리카, 파나마, 온두라스, 도미니카 공화국, 페루, 베네수엘라, 에콰도르, 쿠바, 볼리비아, 니카라과, 파라과이, 우루과이, 칠레 등에서 스페인어를 사용하고 있습니다.

그런데 왜 유독 중남미 대륙에서만큼은 언어가 흩어지지 않고 지금껏 스페인어를 사용하고 있는 것일까요? 여러 가지 이유가 있을 것입니다. 그러나 저는 성령님께서 주신 감동을 신뢰합니다.

"마지막 때에 대추수와 대부흥을 위해 중남미 대륙의 언어는 흩어놓지 않았다."

성령님께서 제게 감동을 주셨을 때 숨이 쉬어지지 않을 만큼 심장이 뛰었습니다. 앞으로 중남미 대륙 가운데 추수가 시작될 것입니다. 마지막 때에 중남미 대륙의 종들은 더욱 연합할 것입니다. 나라와 민족과 언어의 장벽을 뛰어 넘는 부흥을 보게 될 것입니다. 한 가지 언어로 소통의 문제가 전혀 없는 이들이 '마라나타'를 외치는 성령의 군대가 될 것입니다. 이제 멕시코에서 시작된 성령의 불이 한 언어(스페인어)로 소통하며 중남미 대륙 전체를 덮고 행진해 나갈 것입니다.

오늘도 부르심의 땅에서 무릎을 꿇습니다.
진리 앞에 다시 섭니다.
오직 사명만을 붙잡습니다.
"오직 예수로! 오직 복음으로! 다시 성령으로!"
지금은 성령의 시대입니다.
성령님께서 이미 '사람을 낚는 그물'을 내리셨습니다.
성령의 불이 온 열방을 덮을 것입니다.
성령의 사람들이 주의 오실 길을 예비할 것입니다.

제게 있어 멕시코는 제2의 조국입니다.
부르심의 땅에서 사명을 다하는 날..
생명이 다해 천국으로 이사하는 날..
저의 몸은 멕시코 땅에 묻힐 것입니다.

하나님 아버지...
죽기까지 사랑합니다.

하나님의 작은 종

에스더 권 선교사 올림

지금은 성령시대
성령과 함께하는 영성

초판 1쇄 발행 2023. 2. 18.
초판 2쇄 발행 2024. 11. 1.

지은이   에스더 권
펴낸이   예수사랑선교회
북디자인   공간디자인 이용석

펴낸곳   도서출판 십자가사랑
등록번호   제 214-93-24689호

ISBN   979-11-979846-3-1(03230)
책 값   뒤표지에 있습니다.

잘못 만들어진 책은 교환해 드립니다.

하나님의 사람들 시리즈

시리즈 1
하나님의 선물
방언의 숨겨진 비밀

우리는 방언으로 기도하지만, 방언에 얼마나 놀라운 하나님의 선물이 숨겨져 있는지 모른다. 이 책은 방언으로 기도할 때 방언이 어떤 단계로 성숙하는지를 보여주고, 또한 방언에 궁금했던 것들, 영적 원리들을 다룸으로 방언 기도를 통해 하나님께 더 가까이 가도록 돕는 책이다.

시리즈 2
주어진 권세로
영적 세계를 정복하라 • 1

1권은 영적 세계의 전반적인 영적인 원리를 다룬 책이다. 인간 영혼육의 창조 원리를 다루고 사탄이 어떻게 인간에게 침투하는지, 또한 성령님이 우리를 어떻게 성장시키고 양육하는지를 다룬 책이다.

시리즈 3
주어진 권세로
영적 세계를 정복하라 • 2

2권은 영적 세계의 원리를 기반으로 믿는 자들에게 연관된 영적인 적용을 다룬다. 사탄이 어떻게 인간을 공격하며, 성령님은 어떤 방법으로 우리에게 역사하며 소통하는지, 또한 믿는 자들이 어떻게 영적으로 성장해야 하는지 방법을 제시하는 책이다.

시리즈 4
부탁합니다.
제발 자살하지 마세요

오늘도 많은 사람들이 자살을 선택한다. 희망이 없다고 생각하기 때문이다. 에스더 권 선교사는 가족의 세 명을 자살로 잃었었다. 절망이 가득찬 삶이었다. 그러나 지금 그녀는 행복하다고 말한다. 무엇이 그녀를 이렇게 만든 것일까?

시리즈 5
하나님의 음성을 듣는 세대여!
일어나라!

"내 양은 내 음성을 듣는다"고 주님은 분명하게 말씀하셨다. 하지만 주변에 하나님의 음성을 듣지 못하는 사람들이 너무나 많다. 왜 그럴까? 그 이유는 하나님께서 어떠한 방법으로 말씀하시는지 잘 알지 못하기 때문이다. 이 책은 하나님의 음성을 듣는 다양한 방법을 성경을 기반으로 명쾌하게 풀어낸 책이다.

시리즈 6
하나님의 치유, 신유의 숨겨진 비밀

"믿는 자에게는 이런 표적이 따르리니, 병든 사람에게 손을 얹은즉 나으리라"(막 16:17-18) 하지만 병자에게 손을 얹어도 잘 낫지 않는다. 왜 그럴까? 성경말씀이 잘못된 것일까? 저자는 하나님의 치유는 지금도 계속되고 있다고 말한다. 어떻게 신유의 은사가 활성화되는지에 대해 이해한다면 신유의 역사는 일어난다고 밝히고 있다. 이 책은 신유의 은사가 실상에서 능력으로 나타나기 위해 반드시 알아야 할 영적인 비밀에 대해 상세하게 풀어내고 있다.

시리즈 7

하늘의 청지기

때로는 우리가 사는 세상에서 어려움에 직면하기도 합니다. 예기치 못한 환란과 풍파를 겪기도 합니다. 그러나 설령 가시밭길을 걸어야 하는 상황일지라도, 모래 바람이 휘몰아쳐 오는 환경일지라도 독수리와 같은 힘으로 비상할 수만 있다면 문제될 것이 없습니다. 오히려 그 고난의 시간이 믿음의 도약이 일어날 절호의 기회입니다.

시리즈 8

성령과 함께 가라

"내가 진작 이것을 알았더라면 내 신앙은 무너져 내리지 않았을 것입니다. 나의 신앙은 무너졌고 10년 동안 종교 생활을 하며 첫사랑 타령만 하는 신자가 되었습니다. 다람쥐 쳇바퀴 신자가 되었습니다."
이 책은 어떠한 것들이 우리의 신앙 성장을 방해하는지, 어떠한 과정을 거쳐 신앙이 성장하는지를 명쾌하게 풀어주며 우리의 믿음과 신앙에 불을 지피는 책이다.

시리즈 9

하나님의 마음, 중보기도의 숨겨진 비밀

하나님의 마음을 알고 싶으십니까?
하나님의 탄식을 받고 싶으십니까?
하나님의 마음과 탄식은 중보기도자들에게 주시는 선물입니다. 이 책을 통해 더 깊은 하나님과의 친밀함과 지성소안에서의 중보기도가 회복될 것입니다.

시리즈 10

당신에게 예수님은 누구십니까?

하나님이 누구신지 묻는다면 선뜻 대답하지 못하는 이유는 보이지 않기 때문이다. 보이지 않는 영이신 하나님을 어떻게 인간의 지식으로 풀어낼 수 있겠는가? 인간의 생각으로 어떻게 이해할 수 있겠는가? 이 책은 삼위일체 하나님을 보이는 영역에서 풀어 설명한 책이다. 성부하나님, 성자예수님, 성령하나님이 누구신지 성경을 기반으로 하나님의 인격과 성품, 속성을 잘 표현해 놓은 책이다.

시리즈 11

하나님의 소원, 하나님의 나라가 이 땅에

'하나님의 나라와 의를 구하라'(마 6:33)는 말씀을 심도 있게 풀어낸 책이다. 하나님의 나라가 무엇인지, 의를 구하는 것이 무엇인지, 또한 하나님의 자녀라면 어떻게 살아가야 하는지에 대한 구체적인 제시가 담겨져 있는 지침서와 같은 책이다.

시리즈 12

지금은 성령시대, 성령과 함께하는 영성

성령님에 대한 모든 것이 이 책 한권 안에 고스란히 담겨져 있다. 성령님의 성품과 속성, 베일 속에 감춰져 있던 속사람과 겉사람의 영적전쟁을 비롯하여 성령의 9가지 열매와 은사에 대해 구체적으로 다룬 책이다. 마지막 때 성령의 사람들을 통한 하나님의 일하심이 마치 파노라마처럼 이 책에 녹아져 있다.